U0084353

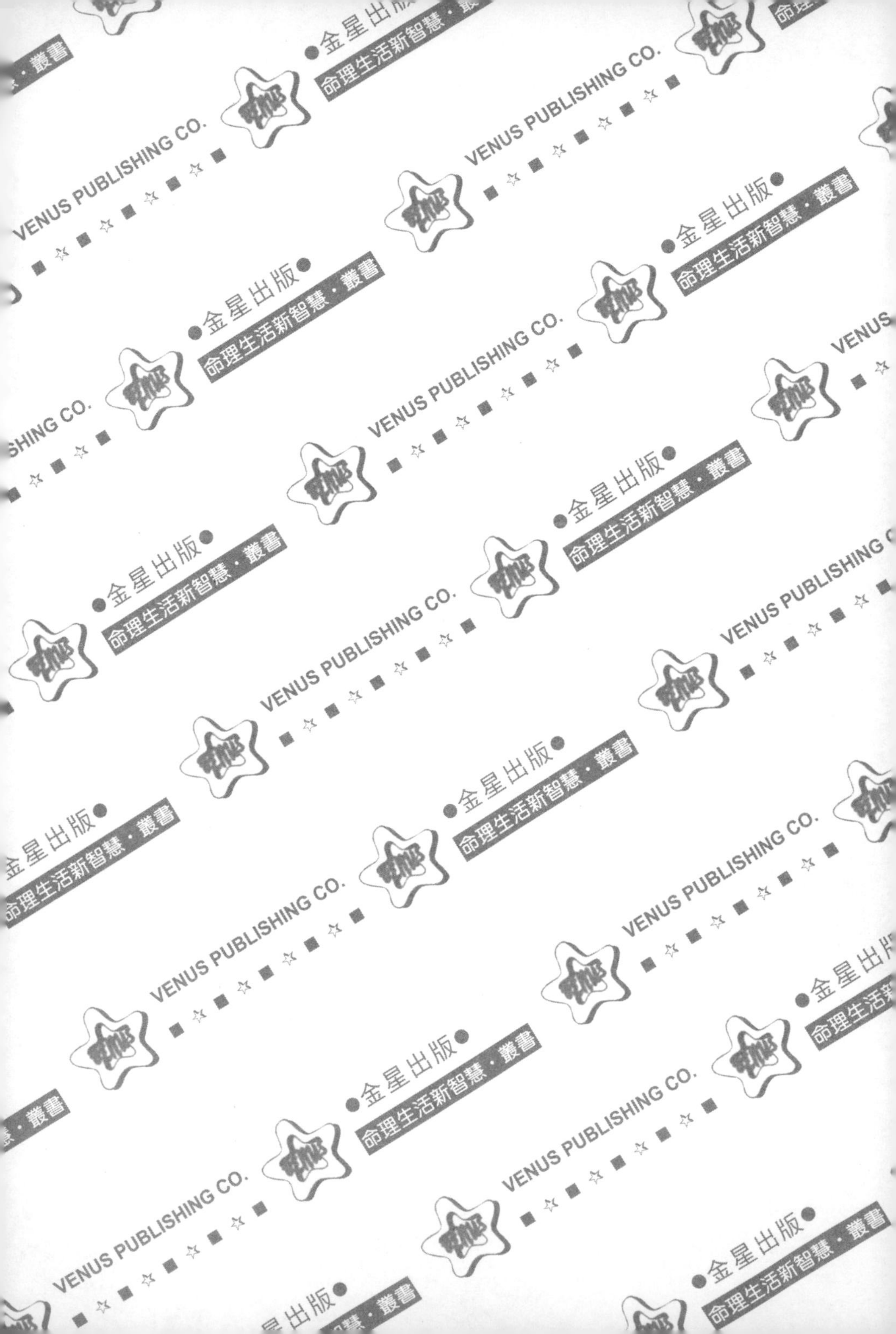
●金星出版●
命理生活新智慧・叢書
VENUS PUBLISHING CO.

命理生活新智慧・叢書 119

讀書考試一把罩

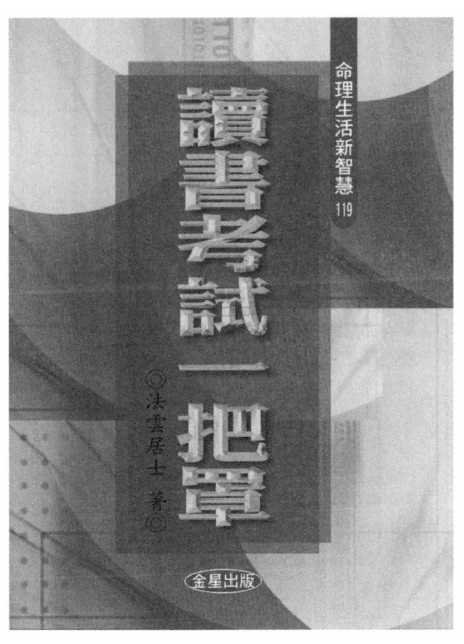

金星出版社 http://www.venusco.com.tw
E-mail: venusco@pchome.com.tw
法 雲 居 士 http://www.fayin.tw
E-mail: fatevenus@yahoo.com.tw

法雲居士⊙著

國家圖書館出版品預行編目資料

讀書考試一把罩／法雲居士著，
--臺北市：金星出版：紅螞蟻總經銷，
2012年05月 初版；面；公分—
（命理生活新智慧叢書；119）

ISBN：978-986-6441-68-4（平裝）

1. 紫微斗數

293.11　　　101003355

讀書考試一把罩

作　　者：法雲居士
發 行 人：袁鴻馨
社　　長：袁光明
總 經 理：王璟琪
編　　輯：杜靖婕
出 版 者：金星出版社
地址：台北市南京東路3段201號3樓
電話：886-2--25630620●886-2-2362-6655
FAX：886-2365-2425
郵政劃撥：[illegible]
總 經 銷：紅螞蟻圖書有限公司
地　　址：台北市內湖區舊宗路二段121巷28・32號4樓
電　　話：(02)27953656 (代表號)
網　　址：www.venusco.com.tw
E-mail　：venusco@pchome.com.tw
法雲居士網址：http://www.fayin.tw
E-mail　　：fatevenus@yahoo.com.tw
版　　次：2012年05月初版
登 記 證：行政院新聞局局版北市業字第653號
法律顧問：郭啟疆律師
定　　價：350 元

行政院新聞局局版北字業字第 653 號
(本書遇有缺頁、破損倒裝請寄回更換)

投稿者請自留底稿
本社恕不退稿

ISBN：978-986-6441-68-4　（平裝）

（因掛號郵資漲價，凡郵購五冊以上，九折優惠。本社負擔掛號寄書郵資。單冊及二、三、四冊郵購，恕無折扣，敬請諒察！）

序

讀書、考試是我們人生所必經的過程。人從小要受國民教育、要讀書識字，也要負起現代國民的義務，因此必定會經過此一讀書、考試的階段。

有些人『讀書、考試』的時間長，有些人時間短。其實這些經驗都是在人之命運中有不同的造化顯示。也有些人在『讀書、考試』的能力上非常拿手、強勢，這也會在其人的命運上有清楚的紀錄的。當然，『讀書、考試』能力不好的人，也會在其人的命運中有明顯紀錄的。

『讀書、考試』的能力，多半和出生時間有關，大多出生在卯時、酉時的人較具有讀書的格局，就是『陽梁昌祿』格。偶而也有例外。其他如申、子、辰時出生的人，較不易形成『陽梁昌祿』格，而且容易具有『文昌陷落』的格局，因此就容易不會讀書，考試常失敗，又會具有粗俗的思想與外表了。

在命理學上，出生時會形成『陽梁昌祿』格的人，其人在讀書的階段會順利、讀書輕鬆，能自動自發的唸書，對事務的瞭解很迅速，頭腦聰明，能舉一反三，也能迅速規劃瞭解事理、脈絡分明，做事條理分明，也能得師長、長輩的信賴寵愛。沒有『陽梁昌祿』格的人或『陽梁昌祿』格不完全、有破格的人，則讀書不算容易，不輕鬆，常拖拖拉拉，或繞一大圈，或斷斷續續，或重讀、重考、慢半拍。有時對事物的瞭解也沒那麼清楚。自然能得到師長的疼愛與照顧也不多了。雖然如此，還是有很多父母或讀不好書的人希望能在讀書方面反敗為勝。

在這本《讀書考試一把罩》之中，會從命理學的角度告訴你：『讀書、考試』要考得好、讀得好的原理。也會告訴你：如果『讀書、考試』讀不好、考不好的話，要如何改善?怎麼做才能確實導正這種現象。目前台灣國民教育已延長，如果『讀書、考試』的能力不好的話，就會有十多年辛苦的日子了，未來的工作前途也是會堪憂的。因此，不論是其本人或為人父母的人，都最好通曉解決之法，才能真正的望子成龍！

法雲居士　謹識

命理生活叢書119

讀書考試一把罩

目錄

讀書考試一把罩

第一章 『讀書考試一把罩』的祕笈方法

第一節 『讀書考試一把罩』的天機祕方

第二節 『讀書考試一把罩』的轉運祕方

第三節 『讀書考試一把罩』的基因素質

第四節 『讀書考試一把罩』的本命因素

第五節 『讀書考試一把罩』的命運脈動

第六節 『讀書考試一把罩』的旺運脈動

使你升官發財的『陽梁昌祿』格

法雲居士⊙著

在中國命理學中，『陽梁昌祿』格是讀書人最嚮往的傳臚第一名榮登金榜的最佳運氣了。從古至今，『陽梁昌祿』格不但讓許多善於讀書的人得到地位、高官、大權在握，位極人臣。現今當前的世紀中也有許多大老闆大企業家、大企業之總裁全都是具有『陽梁昌祿』格的人，因此要說『陽梁昌祿』格會使人升官發財是一點也不假的事實了。但是光有『陽梁昌祿』格卻錯過大好機會而不愛唸書的人也大有其人！要如何利用此種旺運來達到人生增高的成就，這也是一門學問值得好好研究的了。

聽法雲居士為你解說『陽梁昌祿』格的旺運成就方法，同時也檢驗自己的『陽梁昌祿』格有無破格或格局完美度，以便幫自己早早立下人生成大功立大業的壯志。

第一章　『讀書考試一把罩』的祕笈方法

從古至今，無論中外，大家都認為：『讀書、考試』是有運氣之說的這麼回事。但此說也最容易落入考試不順遂時做為藉口之說。

『讀書、考試』到底有沒有運氣？

凡是一個人或一個生命，存活在世界上時，就會有運氣！

凡是有『時間』的運作，就會有『運氣』！

所以你在『讀書、考試』時是絕對有『運氣』好壞的問題發生的！

運用『運氣』這件事，自古就有，外國也亦多。現今電腦科技發達，因此運用『運氣』之事變的更簡單、更確實、精準。所以你一定要學習這套『運用運氣』的方法，不管是幫助自己或幫助家人、朋友，都會是助人助己、反敗為勝、得利無窮的善事！

第一節 『讀書考試一把罩』的天機祕方

前面才在講運用『運氣』，後面就說要請老天爺來幫忙『讀書、考試』，這是否有些太混亂了！

一點也不混亂，只要你抓住了『運氣』，掌握了『運氣』，凡事都是有如神助，豈不是請老天爺來幫忙了嗎？

『運氣』是一種空虛飄浮的東西，要怎麼抓才抓得到呢？

前面說過，『運氣』是『時間』的運作而產生的，所以只要把握好、控制好時間，我們就能抓住『運氣』了。

但是，要認清楚！只有好的『運氣』和好的『時間』，老天爺才會幫你！

『好運時間』和老天爺會幫忙你『讀書、考試』的時間，都有特殊的名詞和格局，在後面會一一談到。你必須熟悉這些『時間』和『運氣』的運用，才能真正在『讀書、考試』上得到老天爺的幫助。

第二節　『讀書考試一把罩』的轉運祕方

例一：

我的女兒從小功課還不錯，在班上常踞一、二名之列，也十分乖巧，但在國中進入叛逆期時，便不太聽話了。又和班上愛玩、愛鬧的同學混在一起，成績也一退千里，因此在考高中放榜時，考上最後一個志願，考上最偏僻的學校，從此開始惡夢式的高中生活。當然她自己非常懊悔，但是彷彿不順利的人生命運就跟著她，常讓她有流不完的眼淚。

首先進入高中的第一個月，她自認交到了好朋友——一個同班同學的女孩，後來因為細故——不肯陪那位同學翹課出校去買早點而反目成仇，後來此人在高中三年中，聯合其他的同學來整她，所以過了痛苦的三年。那個同學每天都有新花招來整人，栽贓嫁禍之事層出不窮。這位同學也是老師心目中的問題學生。眼看著女兒彷彿惹了上馬蜂窩，但也沒辦法，只好勸她忍耐。並勸她：不順的生活當做是修行，而且高中只唸三年，未來考大學後，大家會各分東西。這些同學只是你人生中某一階段熟識的人，很可能將來一輩子都不會再見面。因此不必太在意其感情的好惡。

因為我多年學習紫微斗數。因此為女兒排了一張運勢表。知道她大運雖不好，但流年不錯，也可利用來加緊努力，爭取考上好的大學來改變人生。她是在丙子年（一九九六）年考上第一志願大學的。同時也是她那個高中學校只有四個考上公立大學中的一人，也同時是她那所高中參加大專聯招分數最高的一人。

經過這次我和女兒通力合作來『運用運氣』之後，自然我的女兒也更熟悉、更瞭解如何使用運氣了，要在該努力、該出力的時候用力使勁。在運氣弱的時候，韜光養晦、平靜讀書，減少交際應酬，把生活中的繁雜減到最低，自然也少有不吉之事發生了。因此別人看到她的，只會是大躍進的進步，好像沒有什麼困難的事會纏繞她。實際上她已找出自己一套解決人生麻煩圍繞的方法了。

例二：　**我自己本身在經過人生的大風大浪後，**中年又想進入學術的殿堂，因此多次報考碩士班，總是陰錯陽差的沒唸成。有時是被選上後補，但自己心高氣傲，想考更好的學校而放棄。有時是差一、兩分沒考上。但我看到蛇年是運氣很好的年份，**蛇年是居旺的『太陽化權』的運氣，**我知道這次一定能上榜了，果然在蛇年順利唸到自己夢想已久的科系和碩士學位了。這也是我長期以來『運用運氣』常有的感嘆：不到那一分、那一秒，事情總是不會成功的。因此『運用運氣』的方法，更在於火候純淨。

例三：　**我在十幾年前開始寫書，就傳達了這種『運用運氣』過生活的觀念。**也傳達過『運用運氣』來考試、掌握上榜的優勢。因此有許多讀者是和我一起在『運用運氣』成長的。

有一位香港讀者，在高中時代就喜歡研究命理，也喜歡看我的書。他知道自己的命格不算好，命中財不多，是『太陰居陷』在卯宮的命格，未來也未必會有出息。

但是他把我這套『運用運氣』的理論看進心坎裡去了，也付諸實行，抓住每一個運氣點參加考試，步步小心，後來拿到博士學位，目前在香港知名大學教書當教授。也具有很好的收入，生活水準也蠻高了。去年他來看我，才告訴我這段故事。

例四：

每屆考試季節，總有很多父母帶著小孩的命盤來找我預測考試運氣，或是讓我向他的小孩提供人生的方向。目前有很多小孩不聽父母的話，但會聽別人（外人）或算命師的話。

讀書考試一把罩

有一位母親帶著國三要參加學測甄試的兒子來找我談考試運氣的事。這個男孩子一進門，我就看到的是一個毛躁、不耐煩、正處於青春叛逆期的小孩。我知道情緒的問題，會使他不但把考試弄糟，也會把自己的人生搞得一敗塗地。但首先要安撫他，否則他也坐不下去。

我花了一點時間，解釋他的個性和他內心真正渴望得到的安慰是什麼？什麼話是他最愛聽的，什麼話是他不愛聽的，我把他內心所內藏細密的感情和感覺，陳訴給他聽，因此立刻進入他內心感動及能接受我的話語的神秘地帶。

這是一個功課還不錯，頑固、自負、脾氣壞，對家人，尤其是對父母不耐煩又脾氣暴躁的小孩。自認功課不錯，但這是要和全市、同年級的人來比賽甄試的，是一場大型考試，絕不能如此輕率去應付的。事實上，我也看清楚了，這個小孩之所以脾氣壞、對父母凶、處處不合作，實際上他是覺得周圍家人對他沒幫助，只會造成他的壓力，因此感覺反感而做出的行為。事實上，他也常無奈、喪氣、懦弱、情緒低落，而覺得沒人能瞭解他、沒人能幫助他走出情緒的控制。因此變本加厲的出氣在周遭人身上。

慢慢的，我引導他說出自己內心的困擾後，我把『運用運氣』的這一套方法教給他，並和他一起來挑選他一天中的好時間，在好的時間來讀書，做練習。把不好的、運氣差的時間用來睡覺或做些輕鬆運動或休閒活動。

這樣把利於衝刺的時間分配好，盡心盡力去做，去讀書，成者在天，相信一定能有高分而儘量放鬆心情。因為都是在運氣好的時間讀書，因此事半功倍。於是生活上讀書與休閒的時間得到平均分配，他的情緒也不再緊繃，對家人態度也變好了，後來甄試成果很好，分發到他自己喜歡又理想的高中去了。

我想：他有了這個『運用運氣』的經驗後，此生他都很會運用運氣來做事、做人，日後的成就是指日可待的了。

例五：

有一位美國人 Loriy 是在台灣教美語的老師，已有四十歲了，想回國去唸碩士。他對『運用運氣』的事很感興趣，於是找我談談。一談之下，才知道原來不是迷信的事，而是『運用時間點』來做事的事情，因此更有興趣了。

我也是先幫他挑選出一天中的好時間，要他用來讀書或學習。把不好的、差的時間用來休息或做雜事，但一定要睡眠充足，否則會為害到好時間的精神不濟。

另外把預定考試日期找出來，先預測運氣好壞，再根據考試當時的運氣來加減目前的讀書進度狀況，同時也要算出離考試日期的時間長短、該付出努力的重量級數，才能按部就班的達成考試成果。

我把他讀書的時間表挑好後，他就回去美國繼續去唸書了，半年後順利進入研究所成了準碩士，十分開心。他說：他做這個夢已很久了，一直沒辦法努力成功，是我幫他完成了人生的夢想，十分感謝我！

Loriy 命格中具有讀書的格局『陽梁昌祿』格，也必須具有更高的學歷，才能有穩定的教職工作。但他喜歡談戀愛，總是在重要關頭耽誤了上進的前程，因此到中年高學歷還沒唸完，同時也工作和生活不穩定，十分可惜。不過，他學會這套『運用運氣』的方法後，也明瞭自己人生方向後，就肯定能步上康莊大道了。

第三節 『讀書考試一把罩』的基因素質

我們都知道『讀書、考試』靠的就是K書功力。K書是具有特殊的技巧和方法的。高效率的K書技巧與方法之秘訣，是天生的，要學也不見得學得會的。

某些人會具有這種天生異稟的能力和方法，很容易找到書中的重點，考前猜題也很精準，k書容易，讀書階段也順利，很輕易的拿到好成績。並且一生平順而快速的掌握到好運氣，彷彿拿到了開啟人生無限好運、旺運的金鑰匙。

但有些人不愛唸書，嫌讀書辛苦，當然這些人是根本不知道k書技巧，而且離文藝氣質、文化素養這些斯文的涵養是很遠的。還有的人是想k書！但k書技巧不好，抓不住要領，整天在k書，用的時間多，但成效不好。

另有一些人，認為不必太花時間k書，到時候（到考試前幾天或前幾小時）隨便看一下就可以了。這些人對考試又抱著太樂觀、太容易的輕易想法，自然也不會花時間去瞭解k書的技巧與方法了。

現在你一定很想知道什麼樣的人是如此厲害的『讀書、考試』高手了！也很想知道，什麼人是天生的考前猜題高手？更想知道：什麼人是具有這麼多天生異稟和『好運氣』，光靠『讀書、考試』，就可平步青雲，享受快意人生的人？

其實要成為『讀書、考試』高手，會抓考前猜題很精準，天賦異稟的會唸書，又平平順順、輕鬆唸完碩士、博士的學歷，以及在政府做高官、享厚祿，或成為高科技公司的總裁，要完成以上的目標或理想，都是要命格中必須具備一種強勢的格局的，此格局叫做『陽梁昌祿』

格。

在命格中具有『陽梁昌祿』格的人，自小就會讀書，喜好讀書，不需要父母管，自己就會唸，而且自小就自己會研究出一套『讀書、考試』技巧，也不用別人管或教，總是名列前茅了。未來他也知道利用這麼天賦異稟的功力，通過層層考試，和人生的階段，並用此功力達成人生富貴的願望。我就看到有人是幼年窮困，父母教育水準不高，他自己卻能自小功課好，成績都是屬一屬二的，『讀書、考試』輕鬆，還能為別人補習，來賺取自己的零用金，其人也會用『讀書、考試』來上進，唸到博士學位，也會走『讀書、考試』的道路來賺取人生的富貴。

某些有錢的人家，父母很侍候子女『讀書、考試』，但子女就是不會讀，讀書很辛苦，常與父母抗爭。未來脫離父母的羽翼後，發展也不會有多好，常仍依靠父母過日子。

讀書考試一把罩

有『陽梁昌祿』格的人，會讀書、會考試，並不等於會賺錢，或是會做大事業。

會讀書、會考試，只表示學習能力強、邏輯性的思考能力比較好，在讀書或文質的事物上，容易展現光彩。還要和其他的性格特質並用，才能做大事業。

具有『陽梁昌祿』格的人，是如何成為『讀書、考試』高手的？

具有『陽梁昌祿』格的人，本身就具有秘密法寶，因此能成為『讀書、考試』高手。我們先從『陽梁昌祿』格的名稱談起：

『陽梁昌祿』格就是在命格中具有『太陽』、『天梁』、『文昌』、

讀書考試一把罩

『祿星』（包括化祿和祿存）這四顆星。而且這四顆星必須在三合或四方宮位中，或是在對宮、本宮等宮位所形成的。

例如總統馬英九先生的命盤上，就有完整、優美的『陽梁昌祿』格，四星都集中在卯宮（事業宮）而形成的。

『太陽』表示的是事業，學生時代的事業就是『讀書、考試』，所以事業是讀書的延伸。『太陽』是官星，是官祿之星，也是事業之星。具有前途無限明亮之意。

『天梁』是『蔭星』，是貴人之星，同時也是名聲響亮、地位、名器之星，更是足智多謀的計謀之星。對名聲、地位的計謀，特別著力。

『文昌』是『文魁』，司科甲之星，特別對考試、k書是聰明有加持力量。

『祿星』指的是『化祿』和『祿存』，『化祿』有十干化祿，每一年（甲、乙、丙、丁、戊、己、庚、辛、壬、癸等年）的『化祿』都不一樣。此『化祿星』要看你本身出生在那一年，該年有你出生的年份天干所組成的化祿。**例如：總統馬英九先生是庚寅年出生的人，**他具有的是『太陽化祿』。在他的『陽梁昌祿』格中就有『太陽化祿』同在了。

『祿存星』也是根據出生年的天干而來，看看是否會恰好形成『陽梁昌祿』格的。『祿星』在『陽梁昌祿』格中，代表財祿和人緣、機會。

倘若此格局不完整，有『陽梁昌』而沒有『祿星』（包括『化祿』或『祿存』）的人，你再怎麼讀書、k書，都不會有太好的結果，你也不容易因由讀書而得到財利，你常會中途唸了一半就認為唸了也沒用，或是嫌太慢，另找速成的方法，而功虧一潰。還可能你會唸錯書或唸了對考試沒用的書，而考試不中。

『祿星』是代表考試結果得利的程度。沒有這個考試的得利結果，自然會不順，會考不中或半途而廢了。或是唸了高學歷仍找不到工作。

讀書考試一把罩

具有『陽梁昌祿』格而成為『讀書、考試』高手的關鍵

當你具有『陽梁昌祿』格時，在精神和意志力方面：你就會具有想往上爬、上進、奮鬥的意志，也會為了面子和好名聲而努力奮鬥，你會為了怕別人說你是落榜者或失敗者而努力奮鬥。自然你也會頭腦清晰，目標明確的知道，只要參加了這項考試之後，前方的前途是有一個什麼樣的康莊大道在等著你。你更知道此次考試就是鯉躍龍門的一個特

殊意義，會全力以赴。因此你不會躲避或拖延考試，而會奮力迎向前去迎戰。另一方面，你對考試的結果和內容會詳加分析，你會精打細算來和一同考試的競爭者做一場爭奪戰。

在聰明度和邏輯分析上與數學能力上：你會智慧高、在理工科方面、微積分、邏輯感，以及對事物的分析能力上都特強。**通常『文昌居旺』的人，**會能力好、計算能力好、計算利益得失的能力好，非常精明幹練，不會隨便吃虧，容易多計謀，做對自己有利的事，也不容許自己做笨事，自省能力較強。

在運氣和貴人相助的運氣上：你都比一般人強，因為長輩和師長都喜歡聰明又努力的人，看到你有目標的在努力，自然會出手相幫助、照顧你，因此你的運氣更好了。由其在考試方面，會有神助而得考運。

※『天梁』也代表蔭庇，就是『上天神助』之意

『祿星』代表的是一些機緣和風雲際會的事情，你也容易因此找到或發現k書的秘訣。或突然眼尖，看到一些對考試有用、會出來的內容或資料。你更容易將所讀的書分類，選出其中重要的精華來牢記。你還會讀到有用的書，以及在讀書時會分配時間，把握重點，靈活運用讀書技巧，輕鬆完成考試目標。你更能吸引到能幫助你考試的人來幫忙你，使你一切順利過關。

讀書考試一把罩

讀書技巧不太靈活的人

讀書技巧不太靈活的人，就是沒有『陽梁昌祿』格的人，或是『陽梁昌祿』格有瑕疵、有傷剋、破損的人，也就是格局中有『化忌、羊、陀、火、鈴、劫、空』，讀書技巧就容易有問題。

有的人非常聰明，一日十行，背書背得快，也忘得快，考試時，雖覺得都看過、背過，但答案就是想不起來。**（這是命格中有天空、地劫的人）**

有的人準備數月或整年，也繳了很多補習費要準備參加考試，但臨報名前，又突然想下次或明年再考，臨陣退縮。**（這是命格中有陀羅的人）**

有的人太相信自己的聰明，覺得考試不難，隨便看看就好了，但總是成績吊車尾或名落孫山。**（這是命格中有火星、鈴星的人）**

有的人覺得『勤能補拙』，於是把書拚命唸，結果愈唸愈多，唸也唸不完，沒有規劃整理，反而各科目相互干擾，而讀不出好成績出來。**（這是命格中有化忌星在三合宮位的人）**

這本《讀書考試一把罩》就是要教讀書技巧不靈活及考試技巧不佳的人，來如何找出『好運氣』，及把握讀書和考試技巧的。讓正在向考試奮戰的人能在對的時間讀對的書，寫對的考卷，把握方法，成功的走向勝利的人生，而一輩子受用無窮。

第四節　『讀書考試一把罩』的本命因素

能成為考試高手的人，有三種人：第一種人，自然一定得具有『陽梁昌祿』格。因為此格局就是古代傳臚第一名，能中狀元入仕的『天下第一強』的格局。很多會唸書、考試順利、平步青雲的人，大多有此格局。

第二種人，是具有競爭和爭奪之心的人。例如有『擎羊』在命宮的人，但並不是每一個有『擎羊』在命宮的人都會讀書好，或在考試上爭第一。**有一種『廉殺羊』坐命的人，**較在功課、考試方面會競爭，而且這種命格的人，也大多具有『陽梁昌祿』格。這種命格的人，從小很自動自發的唸書，不需要人管，自己覺得自己的格調就是第一名了。但是他會身體不好，常生病、跑醫院。所以他會在性格上有些孤僻，也會有時驕傲，有時自卑懦弱，人緣關係不太好。

第三種人，會做考試高手的人，是一直運氣很好的人。這種很不簡單，一定要本命生得好，又要大運好，還要流年好，才能碰得上成為考試高手。

如果天生有暴發運的人，也能在考試時又逢到旺運爆發，而成為考試高手，一舉上榜，或一舉成名。這種暴發旺運的機會是偶然會出現的。

※想更清楚瞭解『陽梁昌祿』格，請參考法雲居士所著《使你升官發財的陽梁昌祿格》一書。

第五節 『讀書考試一把罩』的命運脈動

所謂『**抓住人生的節奏感**』，是指在每個人的人生運氣中，尤其是在『讀書、考試』方面的運氣！大致差不多都有一種規律性。有的是三年，有的是四年有一個旺運起伏。只要你抓住了這種人生的脈動，自然考學校上榜是沒問題的一帆風順了。例如目前國中、高中都是讀三年的學制，你在考國中那年逢到好運，(某些私立學校要考進去)，你的命運節奏感是三年一次旺運的話，那逢到考高中，考大學，都會逢到人生的『讀書、考試』的旺運期。自然『讀書、考試』對你來說就輕而易舉

讀書考試一把罩

了。

如果你一開始就沒站上旺運點，或沒進入人生命運的好位置，自然考試就會十分辛苦，常徘徊在『榜內、榜外』之間，而內心痛苦了。

我的一個姪子也就是遇到這個狀況，他在考高中時，就沒進人生命運的脈動上，於是再補習一年，第二年才考上高中。到了考大學時，又沒站上人生脈動的運氣上，於是又再補習，又再才考上大學。目前又要考碩士研究所了，仍是拖拖拉拉、不太順利。這完全就是沒站上其個人人生脈動的節奏感所致。同時也是其個人之人生運氣有點差所致。

反觀，用我的女兒的讀書運與他比較，就知道他的運氣真不算好了。

我的女兒是八月底出生的，剛好趕得上九月入小學，因為學校班級上多前一年年尾出生的人，因此她明顯的年紀與身材都較小。到了小學三年級就分別不大了。九年國民教育，國中直升，到了考高中聯考，雖考上不太理想之學校，但仍上榜。到了考大學，又回復正常考上第一志願。大學畢業做事兩年，再出國讀碩士。這些年輕時的經歷，尤其在『讀書、考試』方面，都顯然比較順利得多。父母雖會操心，但煩惱沒那麼多。

這兩種比較，主要是告訴你，在每個人的人生中，是有一種節奏感、有一種自然旋律的脈動的。每個人都不盡相同，你一定要先搞清楚、自己的人生脈動是什麼樣子的？自然就能抓住機會，努力衝刺，一蹴即成，在考試或在人生重要階段登上高峰了。

所以，總而言之，抓住『運氣』對『考試』來說，是最重要的了！

第六節 『讀書考試一把罩』的旺運脈動

讓你抓住人生的節奏感，你一定覺得如此的說法太空茫了。你會說：我怎麼能知道自己的人生節奏感呢？

現在有兩個方法：一、就是用回想的，回想你考上學校或讀書運氣最好的年份是那幾個年份，再把最好的年份串起來，就知道是每隔幾年是一個起伏了。例如第一次考試上榜的是牛年，後來又遇到重大考試是蛇年，那你人生脈動的節奏感是每逢丑、酉年會有好機會。也在巳、酉、丑年都有考試的好運，這就是每四年一次的人生脈動了。有的人會是在子、午、卯、酉年是人生的脈動期，這也是你人生每三年一次的節奏感了。

另一個方法：就是列印出一張你個人的『紫微命盤』，把好運的宮位圈選出來，從命盤上就可一目瞭然你整個人生運氣，算算好運宮位的距離，也可快速的找出你的人生脈動和節奏出來。

如何尋找人生的節奏感

一、在命盤上找到『陽、梁、昌、祿』四顆星的位置

要找你在考試、讀書方面的運氣和節奏感，最重要的，就要在命盤上找出『太陽』、『天梁』、『文昌』、『祿存』或『化祿』等幾顆星的位置。然後再計算最近的星曜之間相隔幾個宮位的位置，就知道是逢幾年有考試運。

讀書考試一把罩

舉例：

用我侄子命盤為例：此人沒有『陽梁昌祿』格，但仍可運用『陽梁昌祿』格運。**此人較好的考試運與讀書運、學習運，**就是在巳、酉、丑這一組三合宮位中。

他在一九九六年鼠年（丙子年）走『武曲化忌、天府、擎羊運』，因此未考上高中，分數差得很遠，補習一年，**在一九九七年（丁丑年），走『太陽、太陰運』，**掛榜尾考上高中，**二〇〇〇年龍年考大學，雖走『紫微化權、天相、右弼』運仍未考上。次年走『天梁化祿運』則考上私立大學。二〇〇五年酉年（雞年）想考研究所，運氣是『空宮』，但有『天機、巨門』相照的運氣，**剛好在『陽梁昌祿』格的組合上，考上的機會是有的，但他卻臨時取消，未報名，說是隔年再考。

隔年（戌年）走『破軍、陀羅、左輔』的運氣，會有人『愈幫愈破』的運氣，哪有機會啊？

姪子命盤

父母宮 天梁化祿 火星 16-25 乙巳 (2001年)	福德宮 七殺 文昌 26-35 丙午	田宅宮 鈴星 36-45 丁未	官祿宮 廉貞 文曲 46-55 戊申
命宮 紫微化權 天相 右弼 6-15 甲辰 (2000年)	火六局		僕役宮 56-65 己酉 (2005年)
兄弟宮 天機 巨門 癸卯			遷移宮 破軍 陀羅 左輔 66-75 庚戌 (2006年)
夫妻宮 貪狼 壬寅	子女宮 太陽 太陰 癸丑 (1997年)	財帛宮 武曲化忌 天府 擎羊 壬子 (1996年)	疾厄宮 天同 祿存 76-85 辛亥

讀書考試一把罩

人在運氣走『空宮運』時，就是會頭腦不清，雞年（酉年）有很多人走『空宮運』，但多半利於讀書和考試，也會有很多人會茫然抓不住方向，很可惜！子、午、卯、酉四個年份都適合『讀書、考試』，希望大家能把握。

簡而言之，此人在考試和上進方面的人生脈動就是巳年、丑年、酉年，每四年一次的人生脈動和節奏感了。

※因此，你如果錯失了一次機會，沒踏在人生節奏感的脈動上，晚一年或退後一年再考，就可能會再踏上節奏感的脈動，亦可能會再考上。

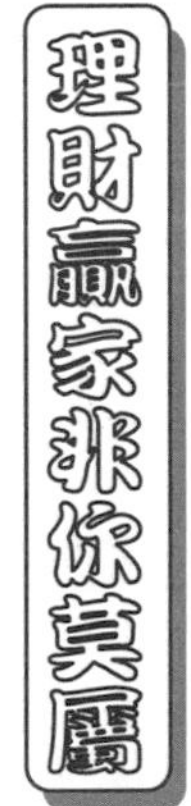

讀書考試一把罩

二、『殺、破、狼』格局也可成為人生的節奏感

在每個人的命盤中都有『七殺、破軍、貪狼』這些星曜，而這三顆星曜也會在三合宮位中出現。有些人的『七殺、破軍、貪狼』是雙星形態的，**例如『紫微在巳』、『紫微在亥』命盤格式**的『殺、破、狼』格局就是『紫殺、廉破、武貪』。

『紫微在卯』命盤格式和『紫微在酉』命盤格式的『殺、破、狼』格局，就是『紫貪、武破、廉殺』。

『紫微在丑』命盤格式和『紫微在未』命盤格式的『殺、破、狼』格局，就是『武殺、紫破、廉貪』的形式。

其他命盤格式的『殺、破、狼』格局皆是單星形式的『殺、破、狼』格局，和雙星形式的『殺、破、狼』格局，意義略有不同，但都會

主宰人生的變動。

倘若你在要考試的年份所碰到的運氣是好的『殺、破、狼』格局的話，自然上榜率是很高的。倘若你所碰到的考試運氣正是不好的『殺、破、狼』格局，自然考試易遭失敗的。

例如我女兒是戊年生的人，在『殺、破、狼』格局中有『貪狼化祿』，在一九九六年丙子年正好走此『貪狼化祿』的流年運氣，我就預先看到了這個運氣，一直鼓勵她，我算到她是會考上大學的，但沒想到會考得那麼好。她是她那屆高中畢業學校中少數考上國立大學四個人中之一，後來還回學校演講，以鼓勵學弟學妹。

倘若她再晚一年考大學，流年是『同巨運』，情況就可能大變，人生的際遇也會整個改變了，很可能就是較悽慘的下場！

女兒命盤

田宅宮	官祿宮	僕役宮	遷移宮
天機化忌 祿存 地劫 天空 丁巳	紫微 擎羊 82-91 戊午	鈴星 72-81 己未	破軍 62-71 庚申
福德宮 七殺 陀羅 右弼 台輔 丙辰	水二局		**疾厄宮** 火星 52-61 辛酉
父母宮 太陽 天梁 乙卯			**財帛宮** 廉貞 天府 文曲 42-51 壬戌
命宮 武曲 天相 2-11 甲寅	**兄弟宮** 天同 巨門 12-21 乙丑	**夫妻宮** 貪狼化祿 22-31 甲子	**子女宮** 太陰化科 32-41 癸亥
	1997 年	1996 年	

又例如我那位侄子想在戌年走『破軍、陀羅、左輔』運來考研究所，這就是不可能考上的了。因為這個運氣的意義是：『愈拖拖拉拉，就愈破、愈雜亂，破事一堆，破耗凶，可能有傷災、破財，也會有人愈幫愈忙。』因為會有不好的事情發生或阻礙，故沒辦法考上了。

也許你會奇怪！『破軍、陀羅、左輔』的對宮不是很好嗎？有『紫微化權、天相、右弼』。

其實『破軍、陀羅、左輔』要和『紫微化權、天相、右弼』要一同合起來解釋的。其意義就是：當運氣中有愈破、愈笨、愈糟糕的狀況時、又有人或事會有愈幫愈忙的時候。其人就會用愈保守、頑固的心態強力的力圖使其平順一點。

因此這一組星曜始終在做拔河狀態，也始終在力圖平撫環境中的惡質狀態。

讀書考試一把罩

你記不記得，其人在二〇〇〇年龍年走『紫微化權、天相、右弼』，就沒考上大學，你會奇怪！有『紫微化權』！怎會沒考上？就因為當年的運氣在其周圍環境中有很多破事、複雜的事，其人有『化權運』又喜歡東管西管，因此這『紫微化權、天相、右弼』運，在他的人生歷程中，只是平撫、平復、安頓的作用，並想偷懶一下的心態，並無法可利用來上進、衝刺，更上一層樓。

由此可想想，你的『殺、破、狼』格局是怎麼樣的一個格局呢？是好格局嗎？還是惡格局呢？是否能幫你在考試中創造奇蹟呢？

※其他的『殺破狼』格局，請看法雲居士所著《對你有影響的『殺、破、狼』上、下冊》

為何都用自己家人的例子呢？因為是自己家人，才感覺深刻，對其運程記憶尤新，解釋能較清楚，請讀者見諒！

第二章　『讀書考試一把罩』的方法內容及結果

第一節　『讀書考試一把罩』的文科、武科及文試、武試

第二節　『讀書考試一把罩』中，文、武不同命運

第三節　『讀書考試一把罩』中的格局形式

第四節　『讀書考試一把罩』的折射格局形式

紫微斗數格局總論

法雲居士⊙著

這本書是將紫微斗數中所有的命理特殊格局，不論是趨吉格局，如『君臣慶會』或『陽梁昌祿』或『明珠出海』或各種『暴發格』等亦或是凶煞格局，如『羊陀夾忌』、『半空折翅』、或『路上埋屍』或『武殺羊』等傷剋格局，都會在這本書中詳細解釋。

這本書中還有你平常不知道的很多命理格局。要學通紫微命理，首先要瞭解命理格局，學會了命理格局，人生的問題你就全數瞭解了！

第二章　『讀書考試一把罩』的方法內容及結果

第一節　『讀書考試一把罩』的文科、武科及文試、武試

大家會奇怪，考試的運氣，就只是上榜和落榜了，難道還有別的運氣嗎？

考試運分為兩大類

的確！考試運實際上分為『文質類』的考試運和『武質類』的考試運。

『文質類』的考試運，以筆寫的考試為主，未來也是以文職為出路的考試科目稱之。

而『武質』的考試運，則是以術科為主的考試，或以身體肢體活動，或操作器械的技巧能力來審合的考試稱之。其他還有是以從事軍警職工作或身份的考試，也為武質的考試運了。

讀書考試一把罩

第二節 『讀書考試一把罩』中，文、武不同命運

『文質』的考試運和『武質』的考試運，其實都是以『陽梁昌祿』格為一個總體的基本運勢的規律或法則的。也就是說，不論未來要從文職或武職的人，或是修習文科或修習運用身體勞力或將做軍警業的人，基本上仍是要具備『陽梁昌祿』格，才會在考試或習業中成績較優異。

所不同的是：修習文科的人，例如選語言、文學、哲學、史地、法商學科的人，其人的『陽梁昌祿』格必須四星皆旺，才會有很好的考試運，尤其是『文昌』必須居旺才行。倘若在人命格中『文昌居陷』，或『太陽』、『天梁』等主星居陷的話，其人生就易多起伏、不順。而

『文昌居平陷』時，也無法擁有較優雅的文藝涵養，因此學文科會較痛苦，也無法體會深層浪漫的文藝氣息。

倘若人擁有武職的考試運，表示此人有『陽梁昌祿』格。在此人的格局中，可以有陷落的『文昌』，或陷落的『太陽』、『天梁』及『祿星』。

因為當格局中『文昌陷落』時，其人的貴格是偏向武職的，是較多運動形式的，較粗重，需要力氣大的，要流血、流汗的，因此像考體育系、機械操作、舞蹈、戲劇等科目考試的人，你有武質的考試運，就可一生功成名就，學歷高檔，名揚四海了。是不必像有文質考試運的人那樣，必須具備星曜全部居旺的好運，才能發揮人生得到大名利的結果的。

第三節　『讀書考試一把罩』中的格局形式

讀書、考試運中最重要的，也是首推的就是金殿傳臚第一的『陽梁昌祿』格了。此格局是主貴的格局，俗稱『貴格』。

『陽梁昌祿』格，文職、武職的人都愛它，它能使人的人生層次增高，會增高學歷，也會改變人的生活環境，使富裕豐厚，而得到富貴及建立功業。

下面是在十二個命盤格式中所會出現『陽梁昌祿』格的形式：

一、『紫微在子』命盤格式

在此命盤上，如果在巳、酉、丑宮一組的三合宮位，以及卯、酉宮，或是子、午、卯、酉等四方宮位中再有『文昌』及『祿存』或『化祿』出現，此人就有『陽梁昌祿』格。

紫微在子

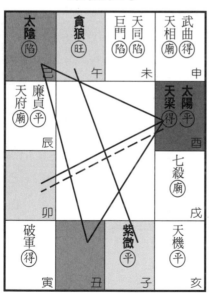

太陰(陷) 巳	貪狼(旺) 午	天同(陷) 巨門(陷) 未	武曲(得) 天相(廟) 申
廉貞(平) 天府(廟) 辰			太陽(平) 天梁(得) 酉
卯			七殺(廟) 戌
破軍(得) 寅	丑	紫微(平) 子	天機(平) 亥

二、『紫微在丑』命盤格式

在此命盤上，如果在申、子、辰、戌四宮或是寅、午、戌、申等四宮有『文昌』及『祿存』、『化祿』出現，則會有『陽梁昌祿』格。此格局是半折射的形式，常容易被『煞星』沖散。

紫微在丑

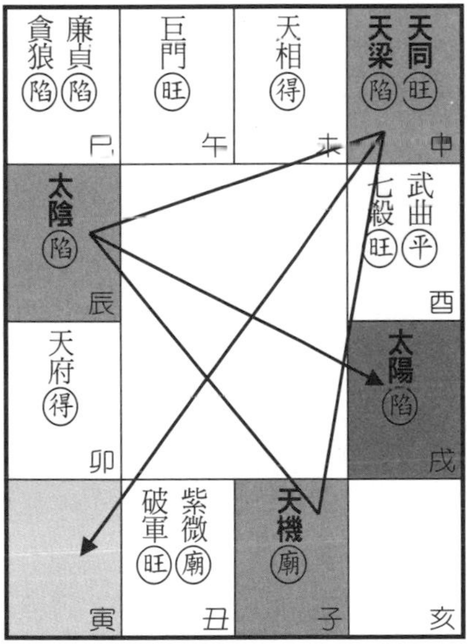

廉貞(陷) 貪狼(陷) 巳	巨門(旺) 午	天相(得) 未	天同(旺) 天梁(陷) 申
太陰(陷) 辰			武曲(平) 七殺(旺) 酉
天府(得) 卯			太陽(陷) 戌
寅	紫微(廟) 破軍(旺) 丑	天機(廟) 子	亥

三、『紫微在寅』命盤格式

在此命盤中，如果在卯、亥、未一組三合宮位中有『文昌』及『化祿』或『祿存』，就會有完整的『陽梁昌祿』格。如果『文昌』、『祿星』出現在巳、酉、丑宮就是折射的『陽梁昌祿』格了。

紫微在寅

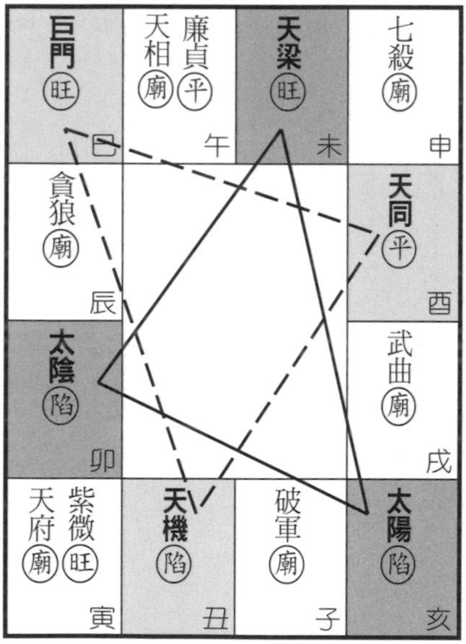

巨門(旺) 巳	廉貞(平) 天相(廟) 午	天梁(旺) 未	七殺(廟) 申
貪狼(廟) 辰			天同(平) 酉
太陰(陷) 卯			武曲(廟) 戌
紫微(旺) 天府(廟) 寅	天機(陷) 丑	破軍(廟) 子	太陽(陷) 亥

四、『紫微在卯』命盤格式

在此命盤中，如果在子、午宮有『文昌』、『祿存』或『化祿』，是完美的『陽梁昌祿』格。如果在卯、酉宮出現『文昌』和『祿星』也算是有此貴格。如果是『文昌』、『祿存』在巳、酉二宮或寅、戌二宮或申、辰二宮或亥、未二宮出現，則帶有折射味道的『陽梁昌祿』格。

紫微在卯

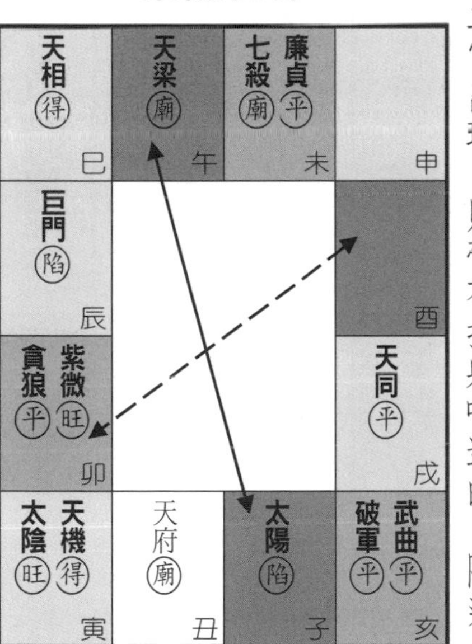

天相 得 巳
天梁 廟 午
廉貞 平 七殺 廟 未
申
巨門 陷 辰
酉
紫微 旺 貪狼 平 卯
天同 平 戌
天機 得 太陰 旺 寅
天府 廟 丑
太陽 陷 子
武曲 平 破軍 平 亥

五、『紫微在辰』命盤格式

在此命盤上，如果在巳、酉、丑三宮有『文昌』、『祿存』或『化祿』出現，就有完美的『陽梁昌祿』格。若『文昌』和『祿星』出現在卯、寅、未三宮，則是折射的『陽梁昌祿』格。

紫微在辰

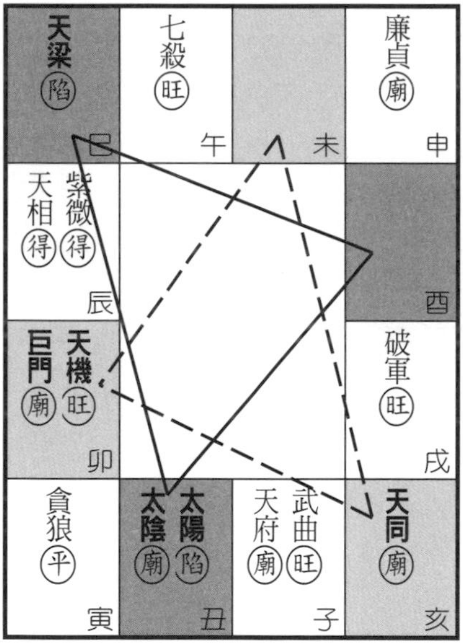

天梁(陷) 巳	七殺(旺) 午	未	廉貞(廟) 申
紫微(得) 天相(得) 辰			酉
天機(旺) 巨門(廟) 卯			破軍(旺) 戌
貪狼(平) 寅	太陽(陷) 太陰(廟) 丑	武曲(旺) 天府(廟) 子	天同(廟) 亥

六、『紫微在巳』命盤格式

在此命盤中之『陽梁昌祿』格只會是折射的貴格。若『文昌』、『祿星』在申、子、辰、寅宮四宮出現，或是在寅、午、戌、辰四宮出現，就有折射的『陽梁昌祿』格。

紫微在巳

紫微(旺) 七殺(平) 巳	午	未	申
天機(平) 天梁(廟) 辰			廉貞(平) 破軍(陷) 酉
天相(陷) 卯			戌
太陽(旺) 巨門(廟) 寅	武曲(廟) 貪狼(廟) 丑	天同(旺) 太陰(廟) 子	天府(得) 亥

七、『紫微在午』命盤格式

在此命盤中，如果『文昌』、『祿星』在卯、酉二宮或是卯、亥、未三合宮位，或是子、午、卯、酉四方宮位中出現，就有『陽梁昌祿』格。在巳、酉、丑等宮出現時，是折射的、較弱，不一定有用了。

紫微在午

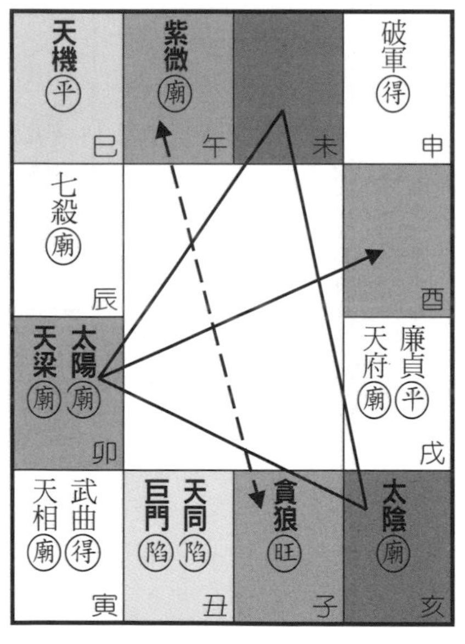

八、『紫微在未』命盤格式

此命盤能形成『陽梁昌祿』格的形式時，多半為折射的，故形式會較弱、不強。如果在寅、午、戌、辰四宮或是寅、子、辰、申等四宮有『文昌』及『祿存』、『化祿』出現，就有折射的『陽梁昌祿』格。

紫微在未

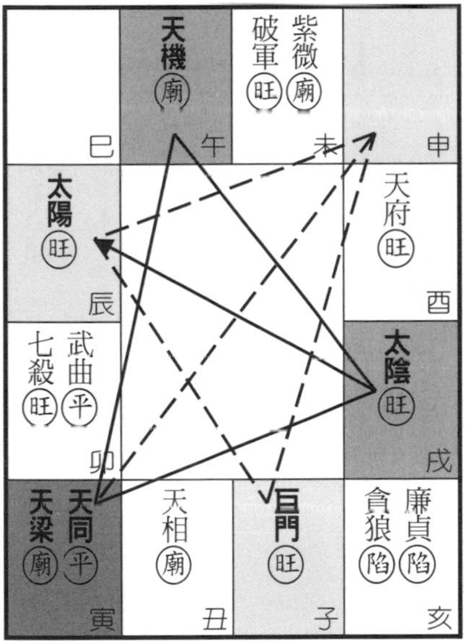

巳	天機(廟) 午	紫微(廟) 破軍(旺) 未	申
太陽(旺) 辰			天府(旺) 酉
武曲(平) 七殺(旺) 卯			太陰(旺) 戌
天同(平) 天梁(廟) 寅	天相(廟) 丑	巨門(旺) 子	廉貞(陷) 貪狼(陷) 亥

九、『紫微在申』命盤格式

在此命盤中，如果在巳、酉、丑三宮有『文昌』和『祿存』或『化祿』出現，就有完美的『陽梁昌祿』格。若卯、亥、未三宮出現，就是折射的『陽梁昌祿』格。

紫微在申

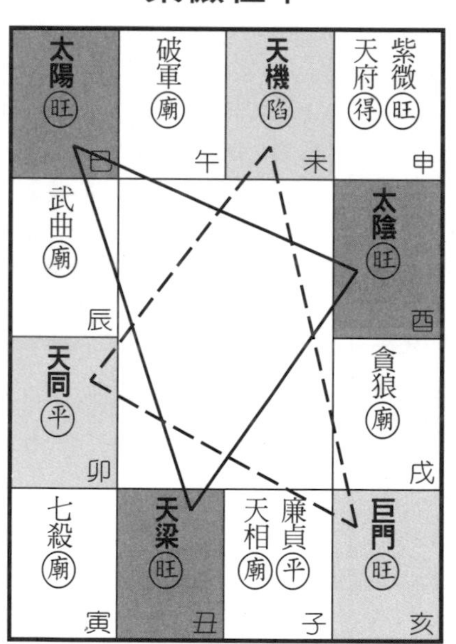

十、『紫微在酉』命盤格式

在此命盤中，如果『文昌』、『祿存』或『化祿』在子、午二宮出現，則有完美的『陽梁昌祿』格。如果在卯、酉二宮出現，亦有此貴格。如果在巳、酉二宮或寅、戌二宮或申、辰二宮或亥、未二宮出現，是折射的『陽梁昌祿』格。

紫微在酉

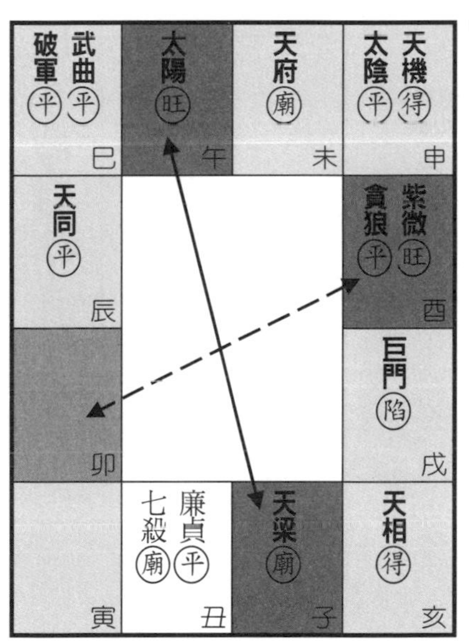

讀書考試一把罩

十一、『紫微在戌』命盤格式

在此命盤中，如果『文昌』、『祿存』或『化祿』在卯、亥、未三合宮位出現，就有完美的『陽梁昌祿』格。如果在巳、丑二宮出現，則是折射的貴格。

紫微在戌

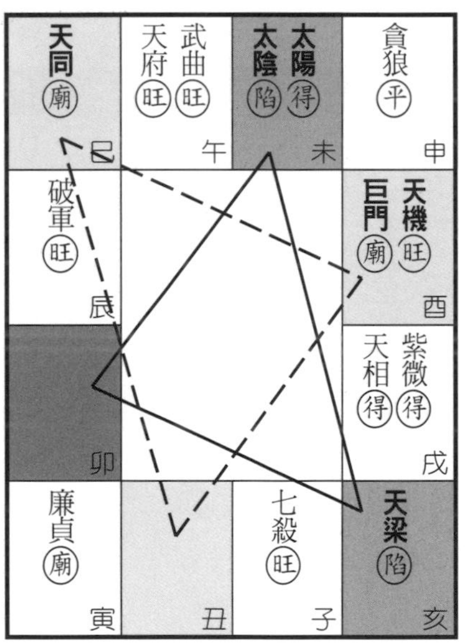

十二、『紫微在亥』命盤格式

此命盤中，要形成『陽梁昌祿』格，必是折射的。『文昌』、『祿存』或『化祿』在申、子、辰、戌，或是在寅、午、戌、申等宮出現，就形成折射的『陽梁昌祿』格了。

紫微在亥

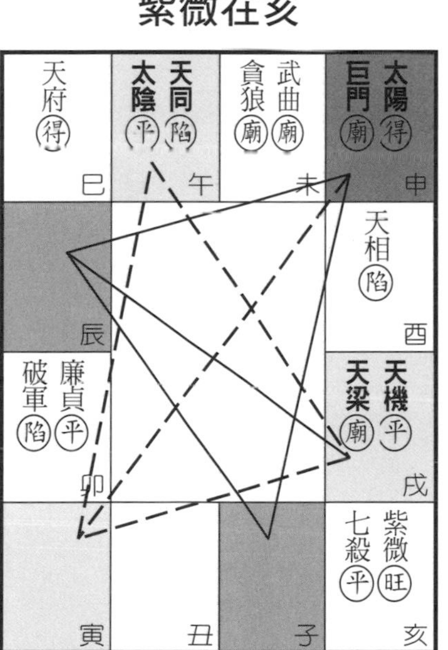

天府 得
巳
天同 陷
太陰 平
午
武曲 廟
貪狼 廟
未
太陽 得
巨門 廟
申
辰
天相 陷
酉
廉貞 平
破軍 陷
卯
天機 平
天梁 廟
戌
寅
丑
子
紫微 旺
七殺 平
亥

第四節　『讀書考試一把罩』的折射格局形式

我們在觀看命盤上的『陽梁昌祿』格時，常會發現其人所屬的『文昌星』和『祿存』、『化祿』等星所出現的宮位位置比較偏，格局不正，但『文昌』、『祿存』或『化祿』會和『太陽』或『天梁』其中的一顆星形成相照的情況而有牽扯，故稱之為『折射的陽梁昌祿』格。

這種折射的『陽梁昌祿』格，會比正牌、完美的『陽梁昌祿』格稍嫌微弱，你必須要十分注意小心，去應和格局，在此格局上所屬的年份努力去讀書考試，此格局才會發生效用，帶你至高學歷及人生的高層次生活。否則你很可能忽略它，而沒享受到此貴格所帶給你人生的好處。**有折射的『陽梁昌祿』格的人，**可聊表安慰，你仍可在此折射的『陽、梁、昌、祿』的年份上努力衝刺，仍會在讀書，增高學歷及考試或名聲、地位上有無限光彩的大進步。

第三章　『讀書考試一把罩』的運氣與轉機

如何掌握旺運過一生

法雲居士⊙著

這是一本教您如何利用『時間』來改變自己命運的書！旺運的時候攻，弱運的時候守，人生就是一場攻防戰。這場仗要如何去打？

為什麼拿破崙在滑鐵盧之役會失敗？

為什麼盟軍登陸奧曼第會成功？

這些都是『時間』這個因素的關係！

在您的命盤裡有哪些居旺的星？

它們在您的生命中扮演著什麼樣的角色？

它們代表的是什麼樣的時間？

在您瞭解這些隱藏的契機之後，您就能掌握成功，登上人生高峰！

第三章 『讀書考試一把罩』的運氣與轉機

許多人都常常認為講『命運』或『運氣』是非常迷信的事。但如果你知道：『運氣』是許許多多『時間點』的小組合。而『命運』是綜合起經由你的思想，在每個時間點上行動後的結果的事情，就稱之為命運了。所以，你說簡不簡單？

『運氣』是『時間點』組合的另外一個名詞。而『命運』就是在某個特定時間經過人腦活動乂付諸實行後的綜合結果。因此，運氣的好壞或命運的好壞，是每個人都可選擇的！但做這些選擇，必先有智慧和

意志力，這就是現代人俗稱的IQ、EQ和下苦功的力量，現今人也稱做KQ（苦讀K書的智商）

運氣和命運既然能夠任憑自己選擇，自然大家都想選好運及好的考試運。沒有任何笨蛋想選衰運的。因此我們現在就來看看：能創造考試運的運氣有那些？

第一節 『讀書考試一把罩』的特定讀書時間

人生的命運和『運氣』既然是由非常多的分分秒秒的小『時間點』所組成的，那在人的一天當中，當然會有好的『時間點』和壞的『時間點』之分了。也自然會有勤勞發奮、上進的『時間點』和想偷懶、休息一下，鬆懈、發悃、想睡覺、不想努力的『時間點』了。也更會有心情好、記憶力強、聰明、靈巧，能舉一反三，頭腦清晰、事半功倍的『好時間』和心情有些悶、不開朗，頭腦有些笨、反應遲鈍、記憶力不強，唸了又忘的『壞時間』了。

有時你並不是非常清楚在你一天內，幾點到幾點是最聰明、有智慧及理解力高的『時間』，或是也不太明瞭到底是幾點到幾點是頭腦頑固、笨而不開竅的『時間』，書唸了也是白唸。

如何利用自己頭腦聰明、清晰、聞一知十、舉一反三的好時間來讀書，能先具有這種懂得利用有利於自己的『好時間』的人，就是最先站在旺運高峰及永立不敗境地的人，當然在讀書、考試上都會得心應手的。因此會聰明的選擇讀書的『時間』是『讀書、考試』致勝的重要法門。

要選擇讀書的好時間有兩種方法

(一)自然紀錄的方法

就是用你天生自然的感覺，來感覺一天中二十四小時裡，那些小時的時段，你是快樂、舒適，或積極奮發的。那些小時的時段，你是懶洋洋、不想動的，或是覺得心悶、心浮氣躁，想衝出去，也容易在外亂跑，根本坐不下來。

你把這一天中二十四小時的情況連續七天記錄下來，就會知道你通常在那些時候心情較好，心情能平靜順暢的，那些時段是想做事、想讀書，但又靜不下心來的時間。有了這個記錄以後，它就是幫助你能運用時間、管理時間的一張法寶時間表了。以後你就能利用心靜平和的時間多讀一點書，利用心情煩亂的時候，去做日常生活中的一些雜事。如此分配好，有效的時間，有好運的時間都拿來讀書，自然能事半功倍的、又輕鬆、容易記憶清晰牢固的。

(二)精算運氣的方法

某些性格較悶的人，或是性格急躁的人，感覺會較遲鈍或粗糙馬虎，他們是沒辦法用前面的自然法則去感覺時間的好壞的。因此我們就可用另一個非常精確實用的方法來尋找讀書的好時間了。

首先你就要打開你的『紫微命盤』來看看有那些宮位的星曜是居旺和對你有利的。我常說，『紫微命盤』是你人生的藏寶圖，是一點也不錯的！你所有的好運、財富、人生的規格、人生的價值和人生的巔峰在何時，都一一紀錄清楚，無一漏失。只要你用心研究自己的『紫微命盤』，必能找出你成為人上人的好機會，與把握每一個旺運時間點就能得到自己想要有的人生層次。

若要找出適合自己K書苦讀的好時間，就必需先要知道那些時間是好時間。

第二節　『讀書考試一把罩』的暴發運機能

『暴發運』就是我們俗稱的『偏財運』。它也是好運的一種。你會奇怪，『偏財運』就是像樂透彩一樣突然暴發錢財了，那和考試有什麼關係呢？

世界上有三分之一的人有『暴發運』和『偏財運』。這是一種旺運，當旺運爆發時，它不只是使人得錢財，更會使人能做出舉世出名的功業出來。更讓人會在人生中大躍進。武將在運氣爆發時，能打勝仗。文人在此運氣爆發時，能以文名遠播，光耀門楣。因此當考生有此暴發運時，就一定會考上，成為一生中的一個大躍進。某些原本成績就優異的人，若再有此運相助，就能考中榜首，天下成名了。

每一年都會有人有『暴發運』，就像每一年都有很多人中樂透大獎一樣。

『暴發運』有很多格局。例如有『火貪格』、『鈴貪格』、『武貪格』，還有『雙暴發格』，種類繁多。子、午、卯、酉年暴發的，以『火貪格』、『鈴貪格』為主。辰、戌、丑、未年會暴發的，以『武貪格』和『雙暴發格』為主。

『雙暴發格』就是『武貪格』加『火貪格』或『鈴貪格』所形成的偏財格，威力強大，其人所能得到的錢財和名聲及富貴的利益也十分可觀。

※欲知『偏財運』或『暴發運』詳情，請看法雲居士所著《如何算出你的偏財運》、《驚爆偏財運》二書。

第三節　『讀書考試一把罩』的厲害考運時間

讀書能長記憶的好時間

『官星居旺』的好時間：『太陽居旺』、『天梁居旺』、『文昌居旺』、『祿存、化祿居旺』。

『財星居旺』的好時間：『太陰居旺』、『武曲居旺』、『天府居旺』等的好時間。

『太陽居旺』的時間

『太陽居旺』時，因『太陽』是官星和事業之星，居旺時有奮發力，比較好學，以在午宮時，會為名聲而好學。

此外『陽梁』在卯宮的時間在早上六、七點時，也適合K書和背頌，能有驚人效果。**在酉宮的『陽梁』，**因『太陽居平』的關係，會在下午六、七點鐘怠惰，身心都懶洋洋，讀書易中途而停頓。

『陽巨』的時間，愛講話，在寅宮，代表寅時，是早上三點至五點的時候，是睡眠時間，一般人多不會讀書。**而申宮的『陽巨』，**就是下午三時至五時，又會貪玩、愛聊天，吃零食、內心懶洋洋、不想讀書了。

『太陽、太陰』同宮的時間，一個是在丑宮，是夜間（已是凌晨）一時至三時之前的時間，因是『太陽落陷、太陰居廟』。如果你要挑燈夜戰來K書的話。適合唸國文、英文、文章及歷史、地理方面的課程項目，或是唸美術、音樂等專門科目，因為『太陰居廟』的關係，敏感性強，感受力、愛好美及文學的力量強，較適合讀這些科目，你會記憶深刻。倘若是理科方面，理解性強的項目、或有圖形的科目也較能得心應手。例如數學中的幾何學、微積分等等。

另一個在未宮的『太陽、太陰』，在下午一時至三時前的時間，此時段和前者看就不不相同了。適合研讀公式，或內容較硬的書，例如唸法律或其他專業科目，又如學數或電腦中的涵數之類的項目。適合一板一眼的讀書，記憶力普通，唸的並不是很好。

『天梁居旺』的時間

『天梁居旺』的時間，都是注重名聲，喜往上爬，學習力旺盛的時間，求知慾也特強。如果再有『權、祿、科』相隨，就是『天梁化權』、『天梁化祿』、『天梁化科』在時間中，就會更加有奮發力，K書更有成果了。

唯獨有『天梁化祿』居旺時，雖會讀書、K書，但外務和艷遇桃花多，包袱多，因此會避重就輕，本末倒置，目標搞不清楚，會因旁雜事務太多而影響實際K書效果。

倘若是『天梁化祿』在巳、亥宮時，會是壬年生的人，更有『祿存』同宮或相照，會脾氣時有古怪，常因雜事煩擾，一會兒愛管、一會兒又不想管，東奔西跑弄得自己很忙。早上的九、十點鐘和晚上的九、十點鐘都差不多是這樣的情形，容易忙來忙去，會忙得和旅遊、玩樂和無可奈何之事有關的事物，而無法真正把心放在書上，故K書沒太大效果。

此外，『機梁』的時間，在辰宮的『機梁』是能讀書、K書的，但容易自做聰明，或投機取巧，K書只K一部份，有些會偷偷省略。有時也愛講話，影響讀書。適合到管理嚴格的圖書館去K書，就會有讀書效果了。也適合在早上七、八鐘唸書會記得牢。

晚間七、八點在戌宮的『機梁』時段。聰明度與理解能力沒前者強，適合唸死背、不需用大腦、或不需太過理解的科目。但此時你容易懶洋洋、提不起勁，更容易找藉口聊天打屁，故成效不彰。你總想等一下再唸也不遲，實際上時間飛逝的很快。雖然下一個時辰是在亥宮的『紫殺』，但下一個時間也是努力不算太久及太多的時間。

還有『陽梁』的時間，以在卯宮是早上五點至七點前的時間，最適合唸書，一定能舉一反三，學習能力強，而且所讀的書都會份外有用的，利於用來參加考試。但在酉宮的『陽梁』（在下午五時至七時之間），因太陽西下的結果，人會怠惰。若有『陽梁昌祿』格的人，在此時會懶洋洋的念書，但讀書會有成。若無此格的人，就逢此時間易怠惰，要提起精神、奮力讀書才成。若再有『擎羊、化忌、火星、鈴星』同宮時，更是不想讀書，讀書都會很煩惱。

倘若酉宮是空宮、卯宮是『陽梁』，而空宮中有『火星』或『鈴星』，那你在下午五時至七時的時間，所以唸書、K書，但是囫圇吞棗的狀況，凡事很急，想快點唸完，唸還是唸了，但容易很快忘，或是日後考試時，記憶不全了，到時會讓你扼腕痛苦，後悔不已。

『同梁』在寅宮的時間，是讀書睡覺的時間，通常時間中有天同星不論旺弱，都會想輕鬆，不太想在努力K書方面，多少會想休息放鬆一下。因此時間中有天同福星的時間，多半愛享受，像休閒的時間。**如果是『天同』福星落陷時，**會忙碌，但會忙些無意義或別人來找麻煩，多是非口舌，令你內心不爽。這些時間你都是心情低落，四肢乏力、懶洋洋、提不起勁來的，因此根本看不下書，也做不了什麼事。**例如『同巨』的時間，或是『同陰』在午宮的時間即是。**

『文昌居旺』的時間

『文昌居旺』的時間是在巳宮、酉宮、丑宮、申宮、子宮、辰宮等宮的時間。這些都是讀書、K書的好時間。

『文昌居旺』時段的意義是：頭腦精明幹練、頭腦清晰、分析力強、邏輯性強、計算能力好、適合文科、理科全都一把罩的讀書能力。因此要唸文科的如文、史、哲等學科要背書、強記的科目，或唸理工的數學、機械、物理、生物科目，都會有自己一套理解的方式去理解、記憶，因此讀書能力十分強。

※命盤中文昌陷落的人，就會較笨，俗稱『不文』，沒有文化、理解及分析力較差，因此讀書能力是不好的，再K書也K不進腦子中去的。（文昌在寅、午、戌宮居陷，在卯、亥、未宮居平，是較弱的）

『祿存星』的時間

『祿存星』算是財星，但是一顆稱做『小氣財神』的星曜。在有『祿存星』出現的宮位時間中，人會保守，只顧自己眼前重要的事。倘若你眼前重要的事就是K書，要準備考試，當然你會立即把自己禁錮在讀書、K書的環境之中，並以當前最重要的，有利於自己的事為優先。

『祿存』有小氣、自私的特性。倘若你一方面讀書，又一方面談戀愛或想做工作賺錢。因為『祿存』的時間只適合單一的、最利己的、對自己最重要的選擇，無法同時兼有他項利益，因此最後你就會變得只有一個選擇了。若你選讀書、準備考試，則戀愛或賺錢方面都會不順或失去。若你選戀愛，則考試考不成或失落。若選工作，則考試或戀愛都不順。因此在有『祿存』在宮位中的時間，應只有一個人生目標較好，較不會引起煩惱，可專心達成。

如果有『祿存』的宮位中，再有『化忌、地劫、天空、火星、鈴星、七殺、破軍』等星同宮時，都是『祿逢沖破』的格局，會容易因在這些『祿逢沖破』的時段中，你會一事無成，破耗多，花錢多，或是根本不想動，也唸不成書。此時段會成為一個空茫的時段，或是有災難的時段。

『化祿星』的時間

『化祿』，通常有『十干化祿』。就是甲年生的人有『廉貞化祿』、乙年生人有『天機化祿』、丙人生人有『天同化祿』、丁年生人有『太陰化祿』、戊年生人有『貪狼化祿』、己年生人有『武曲化祿』、庚年生人有『太陽化祿』、辛年生人有『巨門化祿』、壬年生人有『天梁化祿』、癸年生人有『破軍化祿』。

通常有『廉貞化祿』、『貪狼化祿』、『武曲化祿』、『破軍化祿』的人，是無法形成『陽梁昌祿』格的。這些『化祿』，適合做生意或努力

讀書考試一把罩

工作，但不適合唸書、k書。但如果在讀書階段，又逢此運，或在一天中有些時間必會逢到，要曉以大義，讓其人明瞭時間的緊迫或考試的重要性，其人也能奮發圖強，在這些時間中拚命k書。他們也會利用一些小聰明，取巧的方式來應付考試。**像『貪狼化祿』居旺的話**，運氣特佳，考的題目會很適合你。但如果在k書階段逢『貪狼化祿』，皆會讀書草率馬虎，丟三丟四的沒唸、沒讀到，讀書效果不是很強的。因此『貪狼化祿』只適合考試的運氣。

你會問『貪狼化祿』在流年中，是整年都會草率、馬虎了嗎？那為什麼還能有好運考上呢？

流年是『貪狼化祿』，整年的運氣是『貪狼化祿』沒錯，但一年中有十二個月，每個月又有三十或三十一日（農曆大月三十天，下半二十九日）。該人的大運氣既是籠罩在『貪狼化祿』的運氣下，是好運隨時在流動，不但有好運泉湧而來，其人是因為好運多，目不暇給，所以會馬虎、草率，但每日運氣仍有小變化，故運氣的情況是這樣的！

大運好，人生層次就高

『大運』好，人生所有的時間都籠罩在大運的好運中，即使有不好的『流年、流月、流時』，也沒有什麼大礙，只是小不利，很快就過去了。大運不佳，『流年、流月、流日、流時』再好，你也感受不到任何較好的好運，過得只是普通而已。

『流年』好，人會平順，也要看『大運』是否好。如果『大運』不佳，『流年』好，則仍會平順，日子只是普通而已，並無太大的快樂會發生，如果『大運』不佳，『流年』不佳，則要小心有事故要發生，『流月』好，則安度過，『流月』不佳，則事情很明顯的要發生了。

讀書考試一把罩

『廉貞化祿』是講艷遇、桃花、享受、蒐集興趣的，有特殊嗜好的，會不利於讀書，有時你會同旁邊的異性或突發的戀曲，或突入眼簾的嗜好之物而分心，能讀書的部份只有一點點，效果不彰

『武曲化祿居旺』，在考試上是重視實質效果和利益的，在『武曲化祿』的時段內，你會因實際需要而讀書，但你並不真的是很聰明的，反而你是一個有點頑固和有點圓滑的人，你是無利不早起的人，除非你打定主意一定要考上，否則你不會浪費時間去讀書的。**倘若在你命盤中的時間是『武曲化祿、七殺』時，**這個化祿之財只有一丁點，所以你會十分辛苦打拚，才能有希望。基本上『化祿』仍是『祿逢七殺沖破』的格局，所以你也會想清楚了再努力讀書，但讀書的效果和成績都是低空飛過，不會太好。

己年生的人，有一種好運的時間是『武曲化祿、貪狼化權』同在

一個宮位中的運氣。這會在丑宮或未宮出現。倘若在你的命盤上出現有這個好運時間的時候，在丑宮就是凌晨一時到三時前的時段，在未宮就是下午一時至三時前的時段，在這個旺運時間中，倘若你睡覺睡掉了，就十分可惜了。

在這段時間中，是適合參加考試的好運時間，有暴發運來意外的考中上榜錄取。這段時間若用來讀書，你會很忙，東唸一點、西唸一點，讀書未必能專心，或者忙著打聽考試時有什麼秘訣法寶，實際上並不會有太好的結果，只是馬馬虎虎應付而已。

『武破運』是一個窮運，縱然有『武曲化祿、破軍』同宮的運氣，都不算很好。這是為了想花錢而找錢花的運氣。在讀書方面，就是為了想考試唸書，花了一堆錢，補習呀！或者買參考書，買文具，或是買補習班的學習卡，花錢花了一堆，但書卻沒唸好。忙了半天，唸了什麼都不知道。

談了這麼多，你一定認為『紫微』的時間最好了吧！其實也不然。**『紫微』在午宮居廟的時間，**走午時（中午十一時至下午一時之間），倘若你真能利用這個好時來讀書是好的，但是走『紫微運』的時段，人多半愛享福和享受高級的用品。因此你極容易利用此時段去補償你讀書的辛苦，跑去享受一頓豐富的午餐，連帶的享受豐美的下午茶了。所以呢！實際上並未在讀書上下力氣。

『紫府』的時辰，會更愛物或口腹之慾的高級享受，你會讀一點點就開始享受食物了，或是一面讀書，一面吃零食了。**在寅宮的『紫府』是清晨三點至五點的時段，**你愛睡覺、沈睡不醒，也不太會用到這個好時間。**在申宮的『紫府』的時間是下午三點至五點的時候，**你就容易一面喝飲料、吃零食，一面唸書。

『紫相』的時間是在辰、戌宮，即辰時（早上七時至九點前）和戌時（晚上七點至九點前）。『紫相』的時間是一個料理善後的時間，也善於分析歸類，但仍然是個愛享受、好吃食的時間。倘若你本性是個愛好美食的人，**當你的命盤上有『紫相』在辰宮時，**你容易注重早餐有好的享受。**如果有『紫相』在戌宮時，**你定為在注重晚餐有美食享受受。那麼在辰時、戌時兩個『紫相』的時段，你都未必在k書，其人會心不在焉、或做一些讓自己愉快、心情好的事，讀書卻草率應付了事的。

『紫破』的時間是在丑時或未時，也同樣是個愛享受好的吃喝，看起來很忙，讀書卻馬馬虎虎的時段。而且你會認為要花多一點錢才會讀的好，很可能補習或買相關文具用品而破耗多。

另有一種『紫破』和『文昌、文曲』同宮的時間，你不要以為有『文昌、文曲』同宮就一定會讀書、唸書了，實際不然！你也以為『文昌』和『文曲』在丑宮居廟，就一定讀書很強了。這也錯誤！

我在好幾本書上談到：『文昌、文曲』在丑宮或未宮同宮，代表桃花格局，是男女愛情艷福的享受，同樣也重視衣食的享受，所以有此桃花格局時，在讀書時工作上的發奮力是不強的。所以『昌曲』同宮的時段，運氣是和『文昌單星』時的運氣有所不同的。

『紫破』和『文昌、文曲』同宮，又是一個『窮運格局』，是一個自命清高、自以為高尚美麗，也想要高尚美麗，實際上是窮的無法翻身的運氣。因此要問這個時間是否唸書唸得好呢？

當然唸不好！若有人有此格局，就會在丑時或未時慵懶、愛睡覺，也做不了什麼事了。

※凡是所有的在丑宮或未宮的『文昌、文曲』同宮，或是再加其他主星的格式時間，都是有桃花問題，也都是不利讀書和考試的時間。

第四節 『讀書考試一把罩』的聰明好時間

我首先要說明的，每個人最聰明的時間，並不一定等於會去學習的時間。有的人雖聰明，但很會偷懶，覺得讀書很累，所以會運用聰明去投機取巧，不肯多學習或多看書，自然是頭腦聰明仍考試考不好的。

聰明能幫助讀書的記憶增快、瞭解能力增強，但並不保證記憶得久。例如在人命格中聰明的星曜很多，但各有特色。如反應最快，只能顯出聰明特色的星曜，就是『天機』和『貪狼』兩顆星了。同時這兩顆星也是『運星』，屬於運氣之星。當『天機』和『貪狼』居廟、居旺，或在得地的旺位以上時，其聰明一流，而且運氣向好的、旺的方面變化。運氣翻升的速度快。

聰明與運氣都強的星曜

命格是『天機居旺』或『貪狼居旺』的人特別聰明，但聰明的方式不一樣，在每個人的時間中也會有這兩顆星，於是也會有不同的聰明時間點，『天機』的聰明是多變化、多是非，三分鐘熱度，容易不相信別人，自視甚高，喜歡動頭腦和動身體的變化，能舉一反三，多才多藝。但要小心脾氣急躁，及太過於舉一反三了，而失去原本學術理論的重心，而常使所讀的書的內容意義弄擰了、相反了。而且在『天機』的聰明時間中讀書，多不耐久，會自以為聰明而囫圇吞棗、不細看、粗心、快速唸完，以致於以後在考試時，會記憶不完全或把書內容的意思顛倒看反了。

『天機居旺』的時間

『天機居旺』的時間裡，適合做演算數學的理解性的k書，或背誦單字、片語、課文、解釋背誦、速度會很快，不會拖泥帶水。但是，該時間所背誦過的東西，在考試前仍需再多次的複習、看過，否則會容易記的快、背得快，但也忘的快。

『天機居旺』的時間，有『天機』在子、午宮居廟，最聰明。另有『機陰』和『機巨』的時間也會聰明，利於讀書。

『天機、巨門』

『天機、巨門』（簡稱『機巨』）的時間，是屬高知識水準、高科技，有聰明的智慧和好的競爭力，且善辯、好辯、堅持專業知識，不容易妥協的時間。自然在這個時間中，你最愛讀書，有極高的求知慾。**因**

讀書考試一把罩

此當你的命盤中有『機巨』在卯宮的狀況時（凡命盤格式是『紫微在辰』的人），你就應該早起讀書，在清晨五點至七點唸書，最會記憶力好，k書k得有用了。

倘若『機巨』是在酉宮的人（命盤格式是『紫微在戌』的人），你的聰明依舊，但發奮力沒有『機巨在卯宮』的人好。容易怠惰或半途而廢，所以k書的成果沒那麼好，不過，你仍可用此時間堅持一下，來打破這個記錄。

『天機、太陰』

『機陰』（天機、太陰）的時間，以在寅宮時最好，這是命盤格式為『紫微在卯宮』的人會有的時間。『天機』的聰明、靈巧，和『太陰』的敏感，深深的體會、體貼，會把該讀的書內容特別深刻的印在腦海之中，並且還會產生新的感受，或發展成新理論。但『機陰』的時間同樣是不耐久，容易急躁、坐不長久，容易唸一下書，又跑去關心別的事了。

『機陰』在申宮的時間，因『太陰居平』的關係，聰明依然聰明，但敏感力較差，體會力也不定，容易看不太到重要的讀書內容。也更容易馬虎了事。

『天機居平陷』

倘若在命盤格式中，『天機』是居平或居陷的，此時間就唸書較笨，或不想唸書，常會記不起來，或唸一些旁枝末節無用的書，或做數學理論能力差。適合死背一些資料。此時間你也會特別忙碌，做一些雜事，並無法真正用心在書上。有『天機化忌』的時間中，**若是『天機居旺』帶『化忌』的時間，**代表此時間頭腦不清楚，而且該時段有古怪變化，對你不好。你容易在該時間中讀錯書，或唸錯內容，要十分小心。

『天機居平陷』帶『化忌』時，是又笨、又糊塗的狀況，會不讀書，或是找人胡攪蠻纏，想用別人的力量來幫助自己，可以少唸或不唸書。**如果『天機』和『地劫、天空』同宮時，**該時間容易頭腦空空，糊里糊塗的度過，什麼事也沒做。

『貪狼居旺』的時間

『貪狼居旺』的時間，都是屬於好運的時間，你容易在讀書中碰巧看到考試會出來的試題答案，你也容易猜題成功。在此時間內，你更會到處打聽，或交際應酬去尋找有關考試的資料、題庫及答案。因此你也會獲得很多資訊來充分應付考試。

『貪狼居平、居陷』（廉貪），或帶『化忌』，或帶『擎羊』、『陀羅』的時候，就會較笨，也沒有此等好運了。

『火貪格』、『鈴貪格』的暴發運時間

『貪狼』和『火星』或『鈴星』同宮的時間，則『貪狼』不論旺弱，都會有暴發運，會有突發好運，很利於考試。但用來讀書讀則不好，坐不住，會聰明但不努力，此時間適合做數學等須理解的練習。此時間你決不會用來背記文字、內容，你會不耐煩，而放棄。

凡是『貪狼』的時間內，人都會做事馬虎、草率、虛應故事一番，有做就好了，不太講求精緻，因此容易讓人抱怨。但考試是自己的事，所以全憑運氣好，就要看你的命盤格式中是否是『貪狼居旺』的暴發運而定了。

『巨門居旺』的聰明時間

『巨門居旺』的聰明時間，同時也是一個競爭力強，容易頭腦想得多，對事情或書中內容懷疑多，想一探究竟的心態。在『巨門』的時間中，你的心機多，對人或對事都會反複的、用正反兩面的態度來思量和考察，因此很多理論大師級的人物，都是利用這個時間來發現和創造新理論，或新想法的。也因此時代才能不斷的進步。因此『巨門居旺』的聰明時間更可帶給你無限的讀書樂趣。但『巨門居陷』的時間，就會懶惰、是非多，唸書唸不下去了。

『巨門居陷』的時間也容易生病和遇到災禍不吉的事情，是需要小心防範的，也不適宜活動的。但用在讀書方面，唸是可以唸，效果不算好而已。前面也說過『機巨在卯宮』的時間是適合清晨讀書的時間，原因也是這是個極度聰明的好時間。倘若你看到一個『機巨坐命卯宮』

的人，你也會相信這是一個非常聰明的好時間了。

例如老總統蔣介石先生，和作家張愛玲女士都是『機巨坐命卯宮』的人。『機巨』又代表高科技和高知識領域，現今更有許多『機巨在卯宮』的人會在學術界或電子、電腦業界、生化科技等高科技領域中存在或服務。因此可得知『機巨在卯宮』的這個時間是能使你發奮圖強，往讀書及高知識領域奮勇挺進的。同時這也是你一天中求知慾最旺盛的最聰明的時間了。

『太陽居旺』的聰明時間

倘若你的命盤中有『太陽居旺』的聰明時間，通常你會在白天比較聰明，而且活動力強，奮發努力的能力強，並且你會從人生較正面做努力，一板一眼，不會耍心機，腳踏實地，老老實實的去唸完你必須要讀的書。你會在晚上較笨或較懶惰一點。因為你覺得白天已全心全力十分辛苦了，晚上應該鬆懈一下。不過，你白天時真的k書k的很認真，而且你所讀的書都是很基礎踏實，日後會成為和你人生事業有關的學問。你更會按部就班很有條理的唸完，故晚上實在也應休息調適一下。

『太陽居平、居陷』的時間，聰明度也有，但會不容易在人前顯現出來。你常容易心裡悶，有話也不想講出來，自然白天、晚上卻會悶悶的，唸書也唸的懶洋洋的了，因此效果會不好。

『太陰居旺』的聰明時間

倘若在你的命盤上有『太陰居旺』的宮位時間，必定在酉、戌、亥、子、丑等宮位，代表你會在晚間的酉時或戌時，或亥時，或子時，或丑時，會有『太陰居旺、居廟』的聰明。

這是一種什麼樣的聰明度呢？

這是一種能觸動內在或潛在的感情，能深深體會及瞭解後所觸發

的潛在能力所升起的智慧。例如平常看起來學習普通的人，若命盤上有『太陰居旺或居廟』的時間，利用這個時間來讀數學，則能引發潛在的數學方面的能力，解題和學習都很快速，能超越平常的學習能力。

又例如一些平常背誦能力差的人，或是不喜歡死背書的人，為了考試要強記史地、國文課文，**若其命盤中有『太陰居廟、居旺』的宮位時間，**則利用這個時辰來記憶背誦，其人則能通過對課文文章的深深體會，並深深印在腦海中記憶深刻，不容易忘記。**倘若命盤格式中有『太陰居平、或居陷』的宮位時間，**則無法有這種體會和深刻記憶。有時也許能暫時記憶，但讀書不會讀得好的，也會半途而廢的了。

雖然各種星曜都各有各的聰明程度和樣子，但是有些星曜的聰明並不一定會用在讀書方面，甚至於有些星曜的聰明是會損害讀書效果的。

『文昌居旺』的聰明時間

『文昌』如果是單星居旺在宮位中，該宮位必屬於『空宮』形式，一定要先看對宮是什麼星，再來決定『文昌』的聰明度。

例如『文昌』在酉宮，對宮是『機巨』相照時，則『文昌』就特別特別的聰明了，而且極容易形成『陽梁昌祿』格。那你利用酉時來讀書，『機巨』所代表的高科技與專業能力和高知識水準則你所研讀的不論數理或文科或專業的其他科目，例如電子、機械、醫科……等等的科目都能聰明的記憶或引伸發展來研究透徹。

倘若『文昌』在申宮，對宮是『同梁』相照，申時也會有特別的文質聰明，會有一種老成持重的、精明幹練、精於數學計算程式的聰明智慧。同時也是具有『陽梁昌祿』格的格式。只要有『祿星』（化祿和祿存）在格局中，使格局成立，則唸書與具有高學歷是不成問題。

『文昌』在巳、酉、丑等宮居廟，在申、子、辰宮居旺，因此在人的時間盤上都會帶給人聰明、幹練的思想。但是『文昌』若在這些宮位和『貪狼』同宮，仍是表面聰明，也能唸書好，但某些方面是糊塗和政事顛倒的。即使是逢到這個宮位時間，也無法做任何事的，常就糊里糊塗的過掉了。

又例如『文昌』和『破軍』（包括紫破、廉破、武破）同宮或相照，都會主窮，及水厄。因此，即使『文昌』在旺位，都會因為思想窮的關係，雖然也會注重文質，但不見得用此時去唸書了。又例如『文昌』和『天相』同宮時（有紫相、廉相、武相都一樣），因『破軍』在對宮相照而主窮的原因，同樣是會有一些窮打算或窮思想，但並不一定會用此時來讀書了。

『文昌』若是在寅、午、戌等宮位是居陷的，就表示會笨了，算術及數學的計算能力會不好。而且在性格和外表上也不文質、不斯文，

讀書考試一把罩

當然腦子也更粗俗了。『文昌』在卯、亥、未宮等宮是居平的，也表示聰明度不甚好。如此一來，要學習數學、會計類或電子計算機科系的人，也就會有問題，學不太好了。

但是還有一奇怪現象，倘若在某人的命盤上，有『文昌居陷』，卻仍然能形成『陽梁昌祿』格的人，仍會有高學歷，能唸到博士學位，不過不大會從事文職工作而已，此人也可唸體育博士、繪畫博士、或音樂博士、舞蹈或戲劇博士之類的科目，只要他的命盤上沒有『文曲化忌』就能唸成。

因此在你的命盤上若是『文昌』是居陷的，那『文曲』就會居旺，『文昌』的時間既不能用來讀書，就用『文曲』的時間來讀書好了，你還可以用唱的、或跳的唸。若你是學習戲劇、音樂、歌唱、舞蹈等才藝方面科系的人，即使『文昌居陷』，你也可以用『文曲居旺』的時間來練習術科功課，會有很好的成績。

第四章 『讀書考試一把罩』的擇日考試運氣

第一節 『讀書考試一把罩』的考試規劃

第二節 『讀書考試一把罩』的好運考試年

第三節 『讀書考試一把罩』的好運考試月

第四節 『讀書考試一把罩』的好運考試日

第五節 『讀書考試一把罩』的好運日月更換法

對你有影響的

法雲居士⊙著

在每一人的生命歷程中，都會有能掌握一些事情的力量，對某些事情能圓融處理的力量。又有某些事情是使你頭痛，或阻礙你、磕絆你的痛腳。這些問題全來自出生年份所形成的**化權、化祿、化科、化忌**的四化的影響。『權、祿、科』是對人有利的，能促進人生進步、和諧、是能創造富貴的格局。『權、祿、科』的配置好壞就是能決定人生加分、減分的重要關鍵所在。

星曜特質系列書包括：

『羊陀火鈴』、『十干化忌』、『殺、破、狼』上下冊、『權、祿、科』、『天空地劫』、『昌曲左右』、『紫、廉、武』、『府相同梁』上下冊、『日月機巨』、『身宮和命主、身主』。此套書是法雲居士對學習紫微斗數者常忽略或弄不清星曜特質，常對自己的命格有過高的期望或過於看輕的解釋，這兩種現象都是不好的算命方式。因此以這套書來提供大家參考與印證。

第四章 『讀書考試一把罩』的擇日考試運氣

在我們人生中有許多考試是可以自己來規劃完成的。例如參加高考、普考，或是考托福等語文考試，或是考中醫特考，各種證照考試、經紀人證照考試等等。

這種屬於考試規劃方面：第一、你可以決定那一年去考。**第二**、有時候你也可決定那一個月去考。

當我們有了『年』與『月』的這兩個決定權，其實在考試的命中率方面已佔了三分之二的優勢了。剩下的就是日子與時間（時辰）的問題。

每個人都希望能選擇到自己好運或幸運的時候去參加考試。當然，能預先規劃的話，是最好不過的了。

第一節 『讀書考試一把罩』的考試規劃

要由自己來掌握主導考試日期，其實很簡單，只要掌握一個簡單的原則就能達到了。那就是：拿出自己的命盤來看，只要去除掉有『擎羊、陀羅、火星、鈴星、化忌、天空、地劫』在宮位中的時間（包括年、月、日）以及躲開一些窮日子，就可以了。

在自己要規劃考試方面，首先我們要選擇年運好的年份去考試，較容易上榜。因為『流年』的運氣是大於『流月』的運氣，再大於『流日』的好運氣。

第二節 『讀書考試一把罩』的好運考試年

一、首先最好選有『太陽』、『天梁』、『文昌』、『化祿』或『祿存』在宮中的宮位年份。不論你命盤中的『太陽』、『天梁』、『文昌』或『祿星』是旺位或是平陷之位，都會與考試、讀書較有緣份。只是當你遇到居旺的這些星曜時，運氣會較好，考試成績也較好，若遇到的是居陷的『太陽』、『天梁』、『文昌』、『化祿』時，仍有機會可過關或考上，但成績不會太理想。

二、選擇有『運星』居旺在宮位中的年份去考試。『運星』就是指『天機』和『貪狼』居旺的年份。這種年份運氣會往上翻升快，你的人生也容易變化，而且是向好的方面的變化。所以你容易在重大考試中拔得頭籌，如果再有『化權』、『化祿』一起，是肯定會考中的。

三、選擇『財星』居旺的年份去考試。『財星』包括『武曲』、『天府』、『太陰』等。在運氣上，『武曲單星』居廟，『武貪』、『武府』、『天府單星』獨坐的時間，以及『太陰單星』居旺的時間，『機陰』在寅宮，『同陰』在子宮的時間，都是屬於『財星』居旺的時間，也都利於考試。

四、選擇居旺的『殺、破、狼』時間去應考。我們都知道：『七殺』、『破軍』、『貪狼』俗稱『殺、破、狼』的時間，同時也是人生中喜打拚，而且也會產生人生變化的時間。倘若在你的命盤中之

『殺、破、狼』沒有破局（指無羊、陀、火、鈴、劫、空、化忌、昌、曲同宮），則年運剛好逢在居旺的『七殺』或『破軍』，或『貪狼』宮位，你就會忙碌於考試，考試成績和成果也會不錯了！

五、選擇『福星居旺』的年運來參加考試

『福星』是指『天同』、『天相』兩顆星，此兩星居旺時，就會帶來福氣，能平安考上。『紫微星』號稱帝星，實際上也是一顆平復災厄，能起死回生，化厄向善的福星。因此運用『紫微』的時間，包括『紫府』、『紫相』、『紫貪』、『紫殺』、『紫破』等時間都可創造出平順的考試運出來。只不過要小心，有『天相』、『破軍』和『文昌』、『文曲』同宮或相照時，就會是『窮運』，你容易錯過考試或放棄考試而耽誤時間。

第三節 『讀書考試一把罩』的好運考試月

選擇要參加考試的月份其要點和挑選年份大致相同，因為月份更接近我們日常生活的時數了，所以有貼近的感覺。要點是：

一、先選命盤中有『陽、梁、昌、祿』等星的月份時段來參加考試，以居旺的星曜月份為優先。例如命盤中有『太陽居旺』，就先選『太陽居旺』的月份，因此月考試運最旺。如果有『天梁居旺』，也同樣是考運最佳的月份。『文昌居旺』或『祿存星居旺』，皆表示運氣還不錯，但是它們是無法和『太陽居旺』或『天梁居旺』的運氣來相比較的。

二、選擇『天機居旺、居廟』，以及『貪狼居廟、居旺』的月份時間來應考。

三、選擇『財星居旺』的月份時間去應考，請參考前面解釋。

四、選擇沒有『羊、陀、火、鈴、劫、空、化忌』同宮的『殺、破、狼』月份去應考。

五、選擇『福星居旺』時去應考，但要避開『窮運格局』的時候，以免憑生枝節而不順。

第四節　『讀書考試一把罩』的好運考試日

通常月份中的運氣是大於日子的運氣的。但是日子是我們一天一天的在過。那一天好，那一天壞，常常也感最深刻。**所以我們常以為『流日』運氣是最影響我們的。**不過這也沒錯！考試當天的運氣對於考試順利度來說，也很重要。如果能在那一天考試的話，自然也不要放過機會，努力挑選一下了。其要點和前面一樣。

第五節 『讀書考試一把罩』的好運日月更換法

大多數的時候，就是考試單位在年初就把要考試的檔次安排好了公佈，由考生自行選擇考試日期。

此時你就只能選考試年份和月份，應考當天的日期則只有碰運氣聽天由命了。此時『流月』好，就不怕日子差，只要小心謹慎，不是太差的日子都能平安考上。倘若考試日子剛好就是全命盤中最爛的一天，那你就要考慮是否要換月份、換檔次再選考試日期了。

第五章　『讀書考試一把罩』的預測吉凶

第一節　『讀書考試一把罩』的預測方式

第二節　『讀書考試一把罩』的結果預測

第三節　『讀書考試一把罩』的『化科』意義

第五章　『讀書考試一把罩』的預測吉凶

在人生中，我們也常會遇到一些制式的考試，是沒辦法經由我們自己的意志去選擇考試日期的。它是早就規定好的，制定好的，是我們無法改變又必須去遵守的。如此一來，運氣的變化會讓我們煩心，或是沒有太多時間充分準備考試，心中忐忑不安時，就會想先預測瞭解一下考試結果再說。

很多人也想先預測考試運是否吉？是好運？再努力？若是凶？或

運不太好？就放棄努力了。其實這樣很不對！

若預測考試日運氣不佳，事實上你更需多花時間準備，以防落在谷底而一發不可收拾。有些同學若知道考試運氣不佳，就提前放棄了，十分可惜！人生中要是多幾次這種狀況，就容易有怯懦及不負責任的性格，一生就難有出息了。

第一節 『讀書考試一把罩』的預測方式

預測考試運有兩種方式與目的。一是預測考試當天之順利度，一是預測考試結果。

預測考試當天之運氣

要預測考試當日的順利度，就以考試當天的『日運』為主，你首先要學會算出『流年、流月、流日』出來，先要知道考試當天是農曆的幾月？幾號？再換算在命盤上的宮位是逢到那一宮的運氣，該宮位的主星就代表該日的運氣好壞了。**（可參考法雲居士所著『如何推算大運、流年、流月』上、下冊）**

只要是沒有『羊、陀、火、鈴、劫、空、化忌』的日子，以及居陷的星曜運氣的日子，大多都是運氣還可以的可考試順利的日子了。

考試日子的運氣中有星曜陷落的狀況時，多半代表窮運，運氣會不開，人也會較笨，**例如有『巨門陷落』的運氣時，**表示是非多，災禍多，考試會忘東忘西，也容易頭腦不清，忘了帶證件，或遺失證件，或

讀書考試一把罩

考卷上破損、遺失，或和監考人員發生口角是非，對你不利。**有『太陰陷落』的運氣，**表示敏感度差，理解能力差，容易看不懂考試題目及誤解考題，答非所問或答不出答案來。**有『廉貪運』時，**『廉貞、貪狼』是俱陷落的，逢此日，你會處處討人厭，人緣不好，受人排斥，也容易看不懂題目，馬馬虎虎做答，更容易考卷留許多空白而交卷。有『廉貪運』時，考出來的題目會有許多是你沒看過的題目，你會答非所問的亂寫一通。若是面試時逢此廉破運，你也會穿著不得體，或有某些怪異邋遢的地方、言詞亦誇張放肆，因此考試成績很差。你會遇不到欣賞你的人。

因此，考試當天遇到『太陽居旺』、『天梁居旺』的日子最好了。『太陽居旺』代表陽光揮灑的好運天氣。『天梁居旺』代表有貴人運、長輩運，名聲運、上升運的好日子，因此你會極力表現。天時、地利、人和三方面都會平安順利，而有好成績。尤其是參加公職特考、銀行特考，尤其是具備了這種『太陽居旺』和『天梁居旺』的好運日子，是必定會考中的少數人之一。

其他如『財星居旺』的日子，表示當天有應變能力，有圓融、寬容之心，目標正確，不會為了旁枝末節的事多製造麻煩，因此考試會順利。

又如『福星居旺』的日子，如『天同居旺』的日子，代表自然平順，因此會毫不辛苦的順利完成考試。**有『天相居旺』的日子，**表示會勤勞會料理事物而平順，當然更會盡心盡力在考試時做解答，因此答題能完美無缺。

考試當天遇到『天機』、『貪狼』等運星居旺的日子，其人當天是運氣不錯，又特別聰明、智商高的。但要小心虎頭蛇尾和三分鐘熱度、答題不仔細的問題。因此，你要堅持用心寫答案，並且多看、多檢查幾次寫過的考卷，不要搶先繳卷，考試就會順而考運好了，否則還是會出一些小麻煩的。

考試時碰到『紫微』的運氣自然好，但並不一定代表考試成績就會好。而且還要看你紫微的格局是什麼才定。例如『紫貪』、『紫殺』、『紫破』、『紫相』、『紫府』，都代表平常還過得去的考試運氣。尤其『紫貪』、『紫殺』、『紫破』的運氣都要小心不拘小節、太粗心所帶來的困擾。『**紫貪運**』會馬虎、粗心，『**紫殺運**』較會慢半拍、太老實，創造力會差、想像力會不夠。因此會太呆板，此運不適合考藝術、表演方面的科目，但卻適合考需要下苦功反複練習的科目。『**紫破運**』表面看起來聰明、靈活、浮誇，但容易不重細節和太大膽，因此考試成績也不會太好。

考試當天逢『紫微』在午宮的流月運氣時，考試十分順利，也能考高分。你在考試會得到無限的尊重。逢『紫微在子宮』的流月運氣時，考試的順利度很普通。如果再有其他『煞星』相照，或同宮一起時，也會考運不佳。

第二節 『讀書考試一把罩』的結果預測

要預測考試結果的吉凶，到底考不考得上，當然要從『流年』著手，『流年』好，此人這一年的運氣就極旺，即使有問題也不大。『流年』不佳，就只能抱著『得之幸也！』『不得命也！』的想法了。就像雞年（酉年）會走『廉破運』、『天相陷落』運程的人，或是『武殺運』的人，會徘徊在考試的關卡前，既想考，又不想考的拿不定主意。最後準備也不充足，臨陣磨槍上陣而失敗。

『武殺運』是『因財被劫』、『因財持刀』格式的窮運，因此會辛苦，但腦子笨，考試結果會不理想。

用『流年運程』吉凶來預測考試結果

預測考試成績，著重『年運』，再重『流月運程』，其次再重『流日運程』。要是三個條件全都是吉星居旺的狀況，稱為『三重逢合』逢吉，則是必然高中金榜，成績特優的了。如果其中兩個條件好，也有中榜及考試成績還算優的機會。不過兩個條件中，『流年運』的條件特別重要，倘若『年、月、日』的三個條件中，只有一個是好的，兩個條件差。也必須是『年份』好，才能考上，是低空飛過。如果『年、日』不佳，只有『月份』好，表示在不佳的運氣中略有回升一些。倘若『年、月』不佳，只有『日子』好，仍不代表你有高中之機會。

用『特殊星曜』來預測考試吉凶

預測考試結果，仍以『陽梁昌祿』的四顆星居旺時為第一旺運考中機會之運氣。其次是帶『化權』或『化祿』居旺的財星、運星、官星（事業之星）！

其次是平常居旺的財星、運星、福星，或是居旺的打拚之星，例如居旺的『破軍化權』的運氣，仍會考中金榜，但『破軍化祿』，則不一定了，因為『破軍化祿』的意思是為破耗，而到處找錢財來破耗，而且喜歡用享受、油腔滑調、為人不實際，故不會把精力放在需要苦幹實

讀書考試一把罩

幹的事務上去辛苦，因此『破軍化祿』的運氣，不見得會去參加考試，常也會偷機取巧，即使考不上也無所謂。

若有『巨門居旺化權』的『流年、流月、流日』的運氣，也能具有強烈、強勢的競爭能力，手到擒來而中榜。在這個運氣中，你也會去運用強辯、瞎掰的能力去硬爭。因此算是多是非的運程。

倘若是在辰、戌宮居陷的『巨門化權』，是故意製造是非口舌，想爭又爭不到，容易白忙一場的。在考運逢到這個運氣時，是具有無力感的。

如果是丁年生的人，逢到『天同化權、巨門化忌、擎羊』的運程來考試，也是無功而返、考不上的。

第三節 『讀書考試一把罩』的『化科』意義

很多人想知道『化科』在考試運程中所代表的意義。『化科』的意義很簡單，就是用文質的氣質和方法，從潛移默化中去改變事物的形貌。

這樣聽起來，在現今這個凡事講求急速效率的社會中來講，『化科』根本對我們來說是無用的嘛！確實也是如此，『化科』的作用力比起『化權』、『化祿』來說較小，但是還是會有作用力的，而是要看是何種星居旺帶『化科』而定了。

例如『武曲居廟、居旺化科』的意義是特別會算錢、做生意，對錢財很有方法管理。『武曲』又代表政治，所以有『武曲化科』時，很會沙盤推演，很有方法規劃來作戰計劃。

所以當一個人是甲年生的人，命盤中有『武曲化科居旺、居廟』時，其人學商科會計或是做投資，以及用此運去參加會計、商業科目的考試，是會特別精明，考試能中的。又例如做軍警幕僚人員或考調查局人員的招募考試，命盤中有此『武曲化科』，即能考中，也容易在軍事演習中輔戰有功。**但是甲年生的人都有『太陽化忌』，**代表事業或功課上會不順利，多波折。因此你縱然再有方法賺錢、算錢或拚命努力策劃戰功，但仍敵不過人生中事業上的波折起伏的，所以『武曲化科』仍是在小事情上有用，在大的人生方向及脈動方面，只是紋飾一下而已，並不會有太大的作用。

例如『紫微化科』的意思是很有方法使之趨吉、平復和增高、高尚。

『紫微化科』

『紫微化科』在考試運中逢到，若是在午宮居廟的『紫微化科』，代表很有方法渡過考試。這種『很有方法』的意思，也可能你會硬著頭皮考，也可能用盡方法不要考，但是仍能獲得好的分數過關。

『紫微』帶有享福的意思，跟隨『化科』，就代表很有方法享福。因此凡是在『紫微化科』的月份或日子中考試，都會輕鬆及不太麻煩的度過。通常也是不太講究實際成績的度過，但事實上你仍會想把成績弄好看一點。**『紫微化科』同時帶有『很有方法的使平順、使增高』的作用。**因此在『紫微化科』的月份中逢到考試成績再爛的科目都稍為增高一點，不會有太淒慘的狀況發生。

讀書考試一把罩

『文昌化科』

丙年生的人有『文昌化科』，『文昌』必須居旺化科才有用。因此『文昌化科』必須在巳、酉、丑宮及申、子、辰宮，才會對你的考試有幫助。能讓你有精明的頭腦，無論文科、理科，或是演算、邏輯性的、哲學性的思考、測驗都會反應靈敏的應答如流。**『文昌居旺化科』會應用在學科科目上**，或文學、哲學、思想、腦力的活動上有無限靈敏的智慧，和想像力、創造力。同時這也是最能顯現人類內心深層內在氣質的潛能的一面。

『文昌化科居平陷位』，如在寅、午、戌等宮居陷，在卯、亥、未等宮居平位，都是屬於『化科』無用虛有其表的狀況。『文昌居平陷』之位時，人會粗俗，又較笨，但帶『化科』後，『化科』又會很有方法的使其人更粗俗和更笨，因此會形成一種頑固、自以為是，又笨、又不改進也不聽勸，無法學習新事物，固步自封的狀況。

『文曲化科』

辛年生的人有『文曲化科』，也必須居旺才有用。『文曲化科』也是在巳、酉、丑宮居廟，在申、子、辰、卯、亥、未等宮皆居旺。只有在寅、午、戌宮為陷落的。居旺的『文曲化科』代表的是身體的動感、四肢及身體器官上靈活的動感，腦子的動感、韻律和節奏方面的才藝，以及口才方面的才華。

※在美術、顏色、色感方面的才華是屬於文昌和文昌化科的範圍的。

※在歌唱、舞蹈、音樂音感、樂器彈奏、口才、口技、戲劇、運動、表演、魔術方面的才藝是屬於文曲和文曲化科的範圍的。

所有有居旺的『文曲化科』時，會特別有方法的在音樂、舞蹈、戲劇、表演、運動或魔術上有特優的表現。如果你需做一個音樂家或鋼琴家，就必須有『文曲居旺』或『文曲化科居旺』在命格中，就會有機會達成了。

舉例：

有一位母親帶著女兒來算命，她說：女兒每次在家中練習彈鋼琴，彈得很好，也常獲老師誇講，因此推薦她去參加競賽，但每次競賽連入圍都沒有，讓這位母親覺得很懊惱。

經印出命盤後一看，原來這位女兒的命盤中有『文曲化忌』在福德宮，表示此人一生難成名，而且會在才藝競賽中退縮。因此我勸這位母親讓女兒把彈鋼琴的事當做娛樂休閒樂趣就好了，不必太苛責，或給她壓力去競賽，因為那也是沒用，會讓母女關係更為緊張、更壞而已。

要去學舞蹈、音樂、表演，最好本命中就有居旺的『文曲化科』，這樣參加考試也會順利中榜。倘若你是學一般的文科的人，命盤中有居旺的『文曲化科』，也是容易考試高中的人，而且會具有多門的才藝。

居旺的『文曲化科』的意義是：很有方法的去表現自己的才藝，

因此有很多出頭的機會。也會漂亮、可愛、討喜。

居陷的『文曲化科』的意義是：很有方法的出醜、出糗、口才笨拙、心中想要表達，但才華使不出來而易出糗。

『天機化科』

居旺的『天機化科』的意義是：很會為人服務，為表現自己的聰明才智，而用心努力去做。同時也代表很有方法的使變化聰明，及更好或好上加好。

居陷的或居平的『天機化科』的意義是：想要表現及想要變好的能力並不強，而且是很有方法的變笨或變壞。

『右弼化科』

戊年生的人有『右弼化科』，其意義是：很有方法的去輔弼幫助別人或得到輔助。但是，是用一種保守的、自私的，先要成為同輩的自己人的人，或是對某些自己特定喜歡的人，才會有計劃的去合作或相互幫助。倘若不熟或關係不夠深，就不會去幫助了。有『右弼化科』在你的命盤中時，多半是女性的平輩貴人會很熱心的、很有方法的來幫助你，讓你感動。

『左輔化科』

壬年生的人，有『左輔化科』會在命盤中。其意義是：很有方法的和人合作，或相互幫助。這種『左輔化科』的幫助形式，大多是一些比較耿直的、不計較形式的、大方的、肯大公無私的、正派的合作與幫助的形式，當有『左輔化科』在你的命盤中時，大部份是男性的平輩貴人會很熱心的、不分親疏的、正直的，會很有方法的幫助你，使你常感覺世上好人真多。

讀書考試一把罩

『天梁化科』

己年生的人，有『天梁化科』。『天梁化科』必須居旺在命盤中，才在人生中對人有利。居旺的『天梁化科』，其意義：代表很有方法的得到貴人運及貴人的提拔，而且是很有方法的得到大名聲，很有方法的得到蔭庇。有『天梁化科』在命盤中的人，也特別會信一種儀式繁複莊嚴的宗教。

『天梁居陷化科』時，貴人少，『化科』無用。但倘若仍能形成『陽梁昌祿』格的人，則此『天梁化科』仍能給你帶來好的考試機會或好學歷。

『天同化科』

『天同化科』的意義是：很有方法的、又很有氣質的使一切平順、度過。也代表很有方法的自然享福，會享有文藝氣質、斯文、有格調和帶有休閒意味的福氣。當『天同化科居陷』時，表示是很想有氣質、有方法的享福，但享不到，會操勞，懶惰，一事無成，愛偷懶，只是表面上溫和裝樣子而已，而真正氣質很差。

『太陰化科』

癸年生的人有『太陰化科』。『太陰化科居旺』時，在感情上，表示是很有方法、很有氣質的、很羅曼蒂克的多情、黏密，對你好。在錢財及房地產上，在人際關係上，女人會很有方法、感情細膩、很柔情的幫助你。在考試時間點上，會很有方法、很細心、很能體會與貼心的答題。**如果『太陰化科居陷』時**，『化科』則無多大作用，敏感力不足，感情冷淡，也沒多大的方法來相助了，在考試方面，是表面看起斯文、略有氣質，但考試沒成效。

第六章 『讀書考試一把罩』中 笨運解決方法

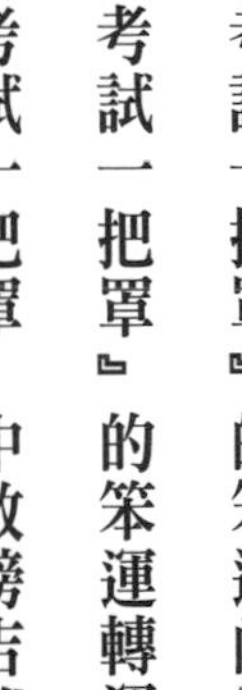

第一節 『讀書考試一把罩』的笨運內容

第二節 『讀書考試一把罩』的笨運轉運方法

第三節 『讀書考試一把罩』中放榜吉凶預測

第六章　『讀書考試一把罩』中笨運解決方法

在人一生中所遇到的重要考試有無數次，但不一定都會逢到好運。而且像高中聯考，或大學聯考這種人生階段中會遇到的考試，更是常常在考驗著你人生的運氣。運氣好時，你努力的成果也十分豐美。運氣不佳時，像鴨子划水，暗地裡使力，卻看不到什麼成果，令人嘆氣又提不起勁來。『讀書、考試』遇到笨運就是這麼一種情況，使人嘆息不已。

讀書考試一把罩

第一節 『讀書考試一把罩』的笨運內容

考試會遇到的笨運首推『陀羅運』，其次是『化忌運』，再是『地劫』、『天空運』，再是因自做聰明成性格急躁、馬虎。而導致考試結果反倒是不理想的運氣，其他還有財星居陷、運星居陷、福星居陷等的一些不順利、敏感度低、效率低的時間運氣。

『陀羅運』

在人生中無論做什麼事，只要逢到『陀羅運』，就會拖拖拉拉、頑固、瞞頇自大、內心悶、內心有些心機和煩惱，但不會說出來，容易聽外人和陌生人的話，但自家人或熟識的人的話不愛聽，因此容易上當。因為走到『笨運』本身就笨，但又怕別人說你笨，於是很想藏拙，不想表現自己是正常的或聰明的，但愈表現愈壞、笨樣百出。人在考試時走『陀羅運』時，腦子笨，理解力差，又想循著以前讀書或學習的軌跡前進，但常記憶模糊，或突然理解差。人在走『陀羅運』時，好像中了魔咒，其人的行動和思考能力都會遲緩，以前聰明的智慧和記憶都不見了，讓人著急，但是愈急愈沒用。

在每個人的命盤中都有這顆『陀羅星』，表示每個人都會經過這種『笨運』，只是各人所逢到的時間不同而已。

『陀羅運』不但是使人做事情做不成，而且還會耗財，有傷災。『陀羅』的意思就是指的是陀螺，會原地打轉，踟躕不前，一肚子鬼主意，但只在心中盤算，使不出來，也容易被人看穿，常因小失大。『陀羅』居旺時，是頑固、強硬、強壯，像一塊鐵塊，很難溝通，自己有自己的想法和道理，即使錯了也要錯下去，是不聽別人意見的人。『陀羅居陷』時，傷剋更嚴重，耗財更凶，傷災更嚴重，也會更笨，及愛搞怪，又使人感覺更笨，是操勞又無用的運氣。

當人在考試時走到『陀羅運』的笨運時，先要看『陀羅』的旺度是居廟還是居陷位，可知笨的程度是多少，也會知道拖拖拉拉不順利的程度有多少？倘若是『陀羅』在辰、戌、丑、未宮居廟時，表示會笨，會有些不是太順利，但如果去參加軍事學校、警察學校的考試，則問題不大，仍可考上。如果參加運用體力較多的科系考試，如體育運動科系或重型機械操作的科目考試，則無大礙。

考試時遇到『陀羅居陷』的運氣時，也就是『陀羅』在寅、申、巳、亥四個宮位時，表示運真的很糟和笨了，而且有愈來愈笨、愈糟的趨勢，在此運中你會東奔西跑、靜不下來，也會內心忙亂、煩惱多，讀書的正事沒法做。所以要在考試之前就預先防範。萬一你在考試期間遇到『陀羅居陷』的運氣時，適宜選擇離家讀書，到圖書館或k書中心或供讀書的咖啡館看書。因為你內心忙亂，經過外出的忙碌奔波中，環境的轉換，能消耗掉你腦子中一些煩亂的思緒。

在考試時逢到『陀羅運』，實際上你在此時都不會對自己在考試的表現有多大期望了。因為你也知道在這段時間中做事、唸書都不算認真，成績有退步的情況。同時你也會替自己找許多藉口來原諒自己。所以不必別人來安慰你，實際上你已寬容自己的笨運了。

『陀羅』和其他的星曜同宮的運程

若『陀羅』和吉星同宮的運氣，『陀羅』也會把吉運拖下來一些，也會帶有笨運和拖拖拉拉的感覺。例如『紫府、陀羅』的運氣，表面上『紫府』是穩重、好的運氣，但加有『陀羅』之後，就會是悶悶的、笨笨的，不愛表現與無法表現的笨運了。但『紫微』有化厄呈祥的力量，因此尚不會有大礙。但在考試方面，也不見得能順利考上，即使考上了，考試成績不太好，或是考上較差的學校。高標準的層次時，你就會落榜。

『陀羅』和凶星或陷落之星同宮的運程

『陀羅』和凶星同宮，例如『陀羅』和『破軍』同宮在戌宮，會破的更凶，又破又醜、又笨，凡事奔波勞碌、徒勞無功，更會有笨想法，聽信邪門之道之道。例如聽說有人可代考，於是花了錢，但仍沒考上，才知自己上當受騙。**又例如『七殺』、『陀羅』在寅宮或申宮的，**都是極笨的笨運，要小心投機不著蝕把米。更要小心受傷害和對自己不利。

『陀羅』和『陷落之星』同宮：例如『陀羅』和『廉貞、貪狼』在巳宮或亥宮等宮，三顆星都是陷落的，這個極爛的爛運。在考試上是沒有好運氣的，也會因為『爛桃花』的影響不去參加考試，或引出糾紛而失去考試機會。**『廉貪陀』三顆星的組合是『風流彩杖』格的壞運格式。**

『化忌運』

在人走到『化忌運』，都會頭腦不清、是非多，事情古怪不順，自然是遇到考試，會考不上，或是考上了古怪的、自己並不喜歡的科系。倘若年運就逢到『化忌運』，則該年是一年中都不算順利的，該年若逢到考試，就容易有考不上或通過不了的危險了。

『化忌』依人出生的年干不同，有十種『化忌』，也各有其不同的代表意義。例如：甲年生有『太陽化忌』時，代表事業上、功課上、公職中有不順和古怪現象。乙年、庚年生人生有『太陰化忌』時，代表在感情上、薪水上、儲蓄上有不順和古怪現象。

當『化忌星居旺』時，例如『太陽化忌居旺』時，『化忌』只是使人的思想古怪，做事會繞道走，不從正途。考試容易滑鐵盧，然後就不想參加考試了。經過多年之後又想來考，或是再讀書。

『化忌居旺』時，其人並不笨，只是有古怪、不實際的想法，而阻礙了自己的前程或考試。

『化忌居陷』時，就會又笨、又不順，也思想離奇古怪，根本不想參加考試，也鐵定考不上了。

『化忌』是跟隨主星的旺弱而有廟旺、平陷之分的。例如『太陽化忌』，『太陽居旺』時，『化忌』也會居旺，『太陽居陷』時，『化忌』

也是居陷。

倘若考試運中是有『化忌』，又有『陀羅』同宮的運氣，例如壬年生人有『武曲化忌、陀羅』在戌宮的狀況，或是甲年生的人，在丑宮有『太陽化忌、太陰、陀羅』同宮的狀況，這同樣是笨上加笨的運氣。這都是絕對考試不易通過，也不易考上的運氣，因此你只能等時間慢慢移動而渡過了，並且要時時小心傷災和不吉的事會發生。

有『化忌』和『擎羊』同宮的運氣時，更要小心血光之災，這是一種較嚴重的刑剋。考試是不易考上的了，但要防生病、血光、開刀，車禍等身體上的傷害，而且會有古怪之事發生。

『火星運』、『鈴星運』

通常走『火星運』或『鈴星運』時，人都會特別聰明，性格急、速度快，做事馬虎，因要講求效率，又會貪心要同時做多件事，因此常常是衝動有餘，想要同時要達成數個目的，結果一個目標都沒達成。因此表面看起來是聰明的，但實際成效不好，仍是自做聰明的笨運。

『天空運』、『地劫運』

當人無論是逢到『天空運』或『地劫運』時，都會特別清高和不實際，會不重錢財，看不慣世俗的俗氣。此時人也會有特殊的聰明、智商高的狀況。智商高學習能力快，尤其是對數學、哲學、邏輯性、宗教性、思想性的學科特別靈敏。但是對考試來說卻並不一定有用。

當人的考試運氣中只逢到一個『天空』，或是一個『地劫』時，表示事情還不嚴重。你只要堅持努力的目標方向，不要左顧右望，也不要道聽塗說，更不要做做停停，只要強下決心，仍然會對考試沒有大礙，倘若你犯了前面任何一個毛病，那考試也會泡湯沒有結果了。

倘若當人的考試運氣中逢到『天空、地劫』雙星同宮時，會一起在巳、亥宮，才會同宮，不論你的運氣『紫微、天空、地劫』，或是『天相、天空、地劫』，只有有『空、劫』雙星同宮一起的運氣出現時，都表示你會不去考，或考試失敗，或考試臨時取消的。這也表示逢此運時是萬事成空的，有關於考試或工作等等的目標會成空而不存在的。同時也表示人逢此運，會頭腦太清高、太不實際、太玄、太多奇怪的藉口，不重錢財、也不重實際效益了，而一事無成的。

『擎羊運』

當『擎羊居廟』時，在辰、戌、丑、未宮，會心思細密，特別細心，也特別聰明、強悍、好競爭，看起來不笨。但『擎羊』本身是一種刑剋，會造成傷害，不論對自己或對別人都不利。尤其是和『貪狼』同宮會刑運，使運氣不好，會根本沒有機運或失去機運。『擎羊』和『天機』同宮，會鑽牛角尖，尖酸刻薄。刑運時，容易考試失敗，只好明年再來了。

人走『擎羊居廟』的運氣時，會計謀多，有凶狠勁，心思縝密，很自私，但不一定真的對自己有利。**人走『擎羊居陷運』在子、午、卯、酉四個宮位的運氣時，**會想凶都凶不起來，想競爭又容易軟趴趴。有時勁敵凶時，你就會軟下來，有懦弱的狀況。自然是『擎羊陷落』的運氣是更不利考試的。而且在『擎羊陷落』的運程中是較笨，刑剋自己又較重的運程。

『煞星陷落』的笨運

舉凡『殺、破、狼、羊、陀、火、鈴、劫、空、化忌』這些星，都稱之煞星，但此處要談的是『廉破運』。

『廉破運』

『廉破運』中，『廉貞』代表智慧、計謀及企劃能力，居平陷時，就缺乏這些，就很笨了。**『破軍』代表打拚能力，**居陷時，容易耍無賴，而不打拚了。但仍很操勞、奔波、專忙一些狗屁倒灶之事、破爛之事。因此當考試逢到此運時，考試是和學歷、未來事業有關的正經大事，就會極為不利。走此運時，其人容易程度爛爛的、程度低，學習態度也不好，不認真，也不耐久，是故，考試逢此笨運，其結果是易名落孫中山的。

『財星陷落』的笨運

財星中只有『太陰』會居陷，『化祿』會居陷。『武曲』會居平，並和『殺、破』之星形成『因財被劫』的格式，而不吉。『天府星』是不會落陷的。因此逢到當『財星』落陷的運氣時，頭腦會不開竅，反應不靈敏，理解力不佳，做事慢吞吞，有時也會頭腦不清或常出錯。

像『武殺運』或『武破運』就是『因財被劫』及『財逢沖破』，也會頭腦笨，尤其對數字、數學等方面的能力不算太好，若考試時逢到考數學或理科（物理、化學），其成績就容易較低，或考試失敗了。**『太陰陷落』的運程，**數學、理科也會考不好，較笨的。唯一的辦法就是先把數學題背起來，否則你是很難應付考試的。

第二節 『讀書考試一把罩』的笨運轉運方法

一般人在『讀書、考試』時遇到笨運是很難解決的。只有順其自然，以不變應萬變，或是一般人根本不知道自己在走笨運，考的好不好，自己也不會預先知道，只有從試場出來之後怨嘆懊悔，唉聲嘆氣，這才知道運氣這麼差。

現在，你既然從本書前面的內容中學到這麼多，你就能預先預測自己考試期間的運氣好壞了。如果你真的在考試期間遇到笨運的話，可用下面一些方法去克服或做深層思考，並且要在考試前多預留一些複習功課的讀書時間，用耐磨和苦力的操作來增加考試錄取的機會。

考試逢到笨運之應對方法

一 讀書、考試逢『陀羅運』時，當『陀羅運』居旺時，或是『陀羅』雖居陷，但和居旺的吉星同宮的運氣時，你可以用耐磨、操勞的體力來平復『陀羅運』。k書k久一點，書多讀幾遍，儘量用前面介紹的一天中的好時間來有效的控制時間來讀書。要自己唸自己、自己苛責自己、督促自己強力奮發起來。

先預知考試的月份或年份是『陀羅』，就早一點開始讀書，讀書時間拖長一點，自然應和了『陀羅』的特性，反而對自己有利。

例如參加大學聯考的人逢此運時，你也可多一種選擇，去考軍校或警校，也是有機會考上的。

『陀羅』有原地打轉的個性，因此做反複練習能突破讀書和考試困境。

二 **讀書、考試逢『擎羊運』時，**也是要強迫自己勤勞一點，鬥志高一點。當命盤中的『擎羊居陷』時，其人鬥志低，易懶洋洋。『擎羊居廟』時，較會好爭好鬥，但方向要正確，才能奮發而有用。而且不能鑽牛角尖，否則也會考試失敗的。

三 **讀書、考試逢『化忌運』時，**運氣不佳，又頭腦想太多，形成自尋煩惱的狀況，宜放鬆自己，去看看別人怎麼讀書，找一個你喜歡的模式來依樣學習讀書方法。而且既定的考試目標不要隨便放棄，一定要堅持到底的去參加考試，如此考運可能會有轉機。

四 **讀書、考試逢『天空運』、『地劫運』時，**凡事容易成空。但是你仍要不計代價、努力應考、努力讀書，把考試結果和失敗的考運丟在一邊。先不要理會，先努力讀書，不計成敗，反而容易考試成功。或是

讀書考試一把罩

去考一些較清高，例如哲學、宗教科系學校，會有機會考上。

五 讀書、考試逢『火星運』或『鈴星運』時，

你會特別聰明、急躁、不耐煩，同時想做幾件事，或想快點讀完書，考完試，因為後面的事情，例如玩樂或工作之事，你都先已安排好了。所以你會急著讀書和急著考試。事實上，你讀書很馬虎。考試也很可能因急躁而失敗了。想想看，你既然已要參加考試了，也經歷了一些準備的時間，但是因為內心急躁不安，而使考試結果失敗或失掉機會，是不是十分可惜呢？所以既然要參加考試，就一定要有好的、有效益的結果，對你的人生來說，贏面較多，是不是較能創造人生成功的機會呢？

所以當你看到你在考試時的運氣中有『火星』或『鈴星』時，你就要警告自己，一次只能做一件事，而且要做到十分完美才會換。千萬不能同時做幾件事情，而讓最後一事無成，全部砸鍋。

六 考試遇到『劫財運』，或『財星陷落』的運氣時，

表示你會頭腦想不開、做事不開竅，會頑固自封，也容易沒用。此時適合死背書，因此一些需要死記、強記的單字、片語，或規則條文、法條、特殊名詞，中西醫藥名詞等的需要記憶的東西，可用此時來背記。雖然會讀得稍慢一些，但要花時間多一些，則會長久留在你的腦海中，一生都受益不少了。

第三節 『讀書考試一把罩』中放榜吉凶預測

考試的結果是最重要的了，一切的努力，只是為了最後答案能不能引發歡呼的快樂。

放榜日的吉與凶，其實早在我們的控制之內的，因為我們已先瞭解及管理了年的運氣、月的運氣，以及考試前讀書時段中時辰的運氣，所以我們要知道放榜的結果與放榜日的吉凶，是一點也不難的事。但是解讀非常重要，考試運氣的好壞與成敗，也會在你的解讀之下有不同的結果或風貌。**考試日和放榜日的運氣是要一起拿來參詳的。例如即將考試的『某月、某日』的那一個時間標的。**若是在你的命盤上，『流年』運氣超好，『流月』運也是好的，但考試那天運氣不太好，寫考卷寫的不算順利，而預先精算出放榜那天的運氣是好的。如此的狀況要預測是否會上榜或考試過關？

答案是肯定的！會考得上的。

由此我們可看出來，要預測放榜日的成功與失敗，其實有五個條件。第一、是流年運是否好。**第二、**是流月運的好壞。**第三、**是考試日運氣的好壞。**第四**、是放榜日運氣的好壞。**第五**、是本身命格。要把這五個條件一起評估，預測才會很準確。

例一

朋友的女兒在馬年要考四技，很早就來找我預測中榜機率。這位女孩是『天梁、擎羊』坐命丑宮的人。午年走『破軍化祿居廟』運，考試月份運氣是『七殺運』，考試當天的日運也是『七殺運』。放榜月份在『天同居平運』，放榜日的運氣是『天梁、擎羊』。

我預測此次考試是不樂觀的，但是這位朋友好像並不太喜歡聽到不利於女兒考試的話。而且他也認為女兒很有自信，因此我勸他回去好好跟女兒鼓勵，幫她加油。放榜揭曉時，這位女孩真的未上榜，只好再接再厲考二專。

我們在預測某個當事人之事物時，常也會看看此人之命格。命格會展現其個性。尤其在預測考試方面，那個人本身的性格和當年的運氣會決定此真正努力奮發在讀書方面的成果。要預測的人可以由這方面得到當事者知識程度的資訊，知道此人真正的程度深淺，再加上年運也會造成其人讀書努力的層次不同，因此大約估量一下，再加月運及考日、放榜日運氣的比例，大致就可評估出勝負出來了。

這位女孩的命格是『天梁、擎羊』，雖都是居旺及居廟的，但卻是『刑蔭』的格局，『天梁』代表名聲、學問，有『擎羊』同宮時，就刑剋名聲和學問，而且沒有貴人運了。並且一生並不是真心喜歡唸書。**命宮有『擎羊』的人有好鬥之心，**她一定要和某人鬥法或相爭，才會發奮拼命唸書，大多數的時間會懶懶洋洋、根本不愛唸書。所以其人的成績一般來說，也不會太好。

再逢『破軍化祿』的流年運。『破軍化祿』的運氣是比較愛玩，愛花費，有時想要努力，但會先花費，破費一些錢，或做一些無聊的事，正事做的少。因此在這個年份中讀書也不會讀的好，考試的月份和日子都是七殺，很忙碌，但也不是聰明的運程。**放榜日又逢『天梁、擎羊』**，又是刑剋學問、名聲、刑剋上進機會的『流日』運氣，你說！是不是上天早就預告了考試不順利的事實了呢？

例二

有一位年已四十歲的朋友，因想升級加薪，故要去報考在職碩士班。這位朋友是『天同化權居旺、天梁陷落』坐命申宮的人。他在巳年走流年運是『廉貪運』的時候去考的，大家都說他會考不上，他自己內心也很徬徨，因此，跑來問我。希望我能為預測評估。因為在職碩士班的考試一般都比較晚，是在國曆八月（農曆七月）的時候。

既然流年運是『廉貪運』，是最爛的爛運了，只好看考試或放榜『流月』的運程。結果考試的流月運是『天同化權、天梁』，考試日當天是『武殺運』，放榜時月份都在同一個月中，但放榜日是『紫破運』。

經由我的評估會掛榜尾考上。果不其然，他由後補生擠進了碩士班。

很多人都問我，為何他『流年運』這麼差，考試日子也不好，而你卻會預測他能考上呢？

這就是和他命格有關了，因為命格中有『化權』的人，會有強勢霸道的心態，愛面子、不能顯示自己的懦弱無能，雖然他的成績和程度都不太好，但他會不服輸，會在關鍵時刻，做最後的衝刺。雖然他的命格中是『天同化權、天梁陷落』，平常很愛玩，但也做事會負責任。所以性格造就了他在關鍵時刻能努力抓住運氣。

另一方面，我也認為他是得到了激勵。因為我獨排眾議認為他會考上，讓他再燃信心，激勵了志氣，因此奮發而為。於是形成了皆大歡喜的場面。

第七章 『讀書考試一把罩』中最重要的考試方位

第一節 『讀書考試一把罩』中要找尋自己的旺位、吉位

第二節 『讀書考試一把罩』的旺方吉位通俗選法

第三節 『讀書考試一把罩』中凶方轉運法

天生財富總動員

法雲居士⊙著

每一個人、天生本命中都有很多財富，
但是每個人並不一定知道屬於自己的財富
在那裡？你的財富是藏在智慧裡？
藏在工作中？藏在享受中？
還是藏在父母、小孩或六親的身上？

這本『天生財富總動員』
幫你找出自己天生的財富到底有多少？
也幫你找出自己天生的財富到底儲存在何處？
讓你的天生財富動員起來吧！
再次創造一個美麗的人生。

第七章 『讀書考試一把罩』中最重要的考試方位

許多名師拼命教你怎麼應付考試、怎麼讀書，但是很多人對環境有敏感性，即使你準備再充足，但是往往運氣不太好，考試試場靠近馬路有吵雜的聲音，會影響你的心境而無法發揮實力作答，也可能試場附近有怪異香味，使你頭昏眼花無法作答。有些人對一些稱做七里香的圍籬樹之香味敏感、厭惡、受不了，而試場多半在學校之中，學校裡是最多以此樹來做圍籬的了。其他的有如在三、四月中考試，有花粉熱的人，也都會在考試時十分痛苦。

曾有一位重考生，單獨報名聯考，結果考試當日到試場應試，才發現自己四周坐的都是凶狠的小混混．考試時不時發出噓噓的聲響。連監考老師也不敢得罪他們。這個重考生被騷擾到第二天也不想再去考了，於是又浪費了一年，無法升學。

因此你到一個陌生環境裡去考試，運氣好不好，會不會遇到麻煩？這是非常重要的事，它會攸關你是否能通過考試而上榜的關鍵。

考試方位最好是旺方、吉方

在我自己的女兒參加大學聯招那年，當我看公佈的試場是在我家東南方的一所女子中學時，我就已開心的知道有部份的勝卷在握了！於是叮囑女兒，只要再小心謹慎一點，考試時不要寫錯字，要注意身體，不要臨時發生狀況，要沈靜的、注視每一個小細節，這樣成功就不會跑掉了。

為什麼我能如此篤定呢？因為我知道女兒的『旺方、吉方』，和財方都是東南方，是『火木旺』的地方。因此方位對了，就能帶給你旺運，因此考試就能先贏一大半了。

當人的位置處於旺位之時，其人會精神抖擻、記憶清澈之思泉湧，特別聰明，也會頭腦靈活，在答一些反應題，智慧題的時候，也會有意想不到的精明答案。

當我們看到一些考生一入考場，便趴在桌上昏昏欲睡，做監考老師的人會很奇怪，到底是來考試的，還是來此睡覺的？這當然就證明此考場對這位學生來說是不對方位的地位了。勢必這位學生的考試成績也不會好的。

因此，當一個人在做考試的競爭時，首先要把自己放置在一個對自己有利的位置中，也就是自己的旺方，這樣，先決的成功條件已贏了一半了！剩下的考試競爭再用堅強的意志力，和旺盛的企圖心，以及一些讀書得來的資訊，就可以讓你站在必勝的這一邊的圈圈裡了。

第一節 『讀書考試一把罩』中要找尋自己的旺方、吉位

每個人都應該知道自己的旺方。因為這不但是對你在考試時能站在有利的方位，並且在你的一生中的任何事情上都會受此旺方或凶方的磁場影響。這吉凶二方的磁場相互拉扯，所以也會造成人運氣上的起伏與不平靜，你若是已經得知自己的旺方，就儘量停留駐守在此方位，不要隨便移動。**因為『滾石不生苔』，你必須常駐守在自己的『旺方』，才能讓你有時間產生好運來幫助你。**倘若你一生都在東奔西跑，很難在一

個地方停留較久一點（久一點指三個月以上的時間），那你身邊的運氣是會較薄弱的。**因為在地球上的生物之運氣有兩種，一種是時間的運行轉動所造成的。一種是受『地氣』的影響所造成的。**所謂『地氣』的影響，就是『方位』磁場的問題了。人類也是地球上之生物，自然也受地氣、方位的影響了。

尋找自己的磁場旺方

要尋找『旺方』方法，就是要尋找我們個人『磁場的方位』。要找出自己的『磁場方位』，是由自己的『八字』所選出了。每個人的八字是由『年、月、日、時』等四個時間標的所組成，再將這『年、月、日、時』，四個時間點換算成干支形態，再利用五行之法來

讀書考試一把罩

運算『八字』中所最需要之五行之氣，而此氣所代表之方位，就是你最吉的『磁場旺方』了。

而『旺方』的反面，另一方就是『凶方』。『凶方』也就很容易找出來了。『凶方』是最不適合你長期待在那裡的方位。長久待的時候，輕的時候會使你遭災、不順，運氣不好時，嚴重時，會使你喪命，及有血光之災。

一般身體敏感的人，一到一個新環境，馬上就能感覺出舒不舒服出來。凡是不舒服、感覺冷、感覺不愉快的地方就是『凶方』。感覺溫暖、快樂，有奮發心的地方，都是『吉方、旺方』。因此人用感覺就很好分辨該環境的吉凶了。

要尋找一個人的『磁場方位』，其實就是由『八字』中選出『喜用神』。『喜用神』用五行之氣，『金、木、水、火、土』來表達。『喜用

讀書考試一把罩

神』既出，不但你個人磁場已確定旺方，凶方也會出來讓你明瞭了。就連最適合你的顏色、最適合你面向的方向都一一得知了。

要尋找自己『喜用神』方位的方法有兩種：一種是請精通『八字學』的命理師幫你找。第二種是自己看書，請看法雲居士所著《如何選取喜用神》上、中、下冊三冊。

倘若你暫時沒辦法那麼快的得知你的『喜用神』是什麼，而你又面臨考試很想快點用這個旺方，你可先用下列的方法來暫時代替一下。不過，選取『喜用神』方位仍是要以本身八字的『年、月、日、時』四個條件來做精確分析，才會準確。因為有時有些複雜的八字干支內容，是很難挑選八字『喜用神』的，命格越古怪，或愈差的人是很難挑選『喜用神』的。**因此需要『八字學』功力好的老師來幫你選。**

讀書考試一把罩

第二節 『讀書考試一把罩』的旺方吉位通俗選法

春天出生者的吉方、旺方

一般來說，出生於春天人，就是出生於農曆一、二、三月的人，是出生於『木氣』重的時間季節，『木氣』重時，『土氣』就會輕，因此要『補土』。一般又不會直接『補土』，因『火會生土』，故『補火』。故常以『丙火、丁火』做喜用神。所以出生於春季的人，會以『火土』做用神，磁場是『南方』。但這也不一定，有時候年、月上的干支『木』重，也是不好的，要另尋剋木的用神。而且農曆三月也火氣燥旺了，有些要以『水』做用神了。因此也是不一定的，要看原盤『八字』而定了。

讀書考試一把罩

夏天出生者的吉方、旺方

一般來說，出生於夏季的人，就是出生於農曆四、五、六月生的人，會火重缺水，因此多半用『水』做用神，『水』有『壬水、癸水』，夏天所生之人，需水恐急，多用『壬水』做用神，磁場方向就是『北方和西方』。但也會有例外，例如大暑之後出生的人，因時序上已『金水』進氣了，故不見得會用『水』做用神了。因此需要多所斟酌。

秋天出生者的吉方、旺方

一般來說，出生於秋季的人，就是出生於農曆七、八、九月的人，是八字中會『金』重的人，因此要用『木火』來平衡冶煉金氣，使之成為有用之材。因此多用『木火』做用神。也就是用『甲木、乙木、丙火、丁火』來做用神。磁場方向也多半是『東方、南方』了。有特殊格局的人，會依然用『水』做用神。

冬天出生者的吉方、旺方

一般來說，出生於冬季的人，就是出生於農曆十月、十一月、十二月的人，會水重，金生水寒，因此要用『火』來調節氣候所帶來的寒冷水氣，因此喜用神多用『丙火』。磁場方向也多為『南方』。

以上只是一個大概觀念的找『吉方、旺方』的方法。如果要非常確實的精算，就要請功力好的老師來幫你選取了。這樣才能讓你選對了方位，對你一生都有助益。

第三節 『讀書考試一把罩』中凶方轉運法

倘若在考試之前，你去看過考場，發覺你的考場並不在你的『旺方』位置，還可能在『凶方』的位置，這表示運氣有點不好。此時你當然內心有些毛毛的、不舒服了。**不過！沒關係！**

你可以在考試當天早點出門，出門後先向你的『旺方』走一段路，大約走十分鐘的路，停下來，先向自己的『旺方』深呼吸，多吸幾口『旺方』的氣，再轉向考場方向，去搭車或坐交通工具至考場去應考。

在將進入考場座位時，先在外面或走廊上向自己的『旺方』方向，再吸幾口旺方之氣，再進入考場應試，會有意想不到的好運。也會頭腦清新、答題正確，能對自己有很大的助益。大家可試試看！

驚爆偏財運

法雲居士⊙著

『偏財運』就是『暴發運』！

世界上許多領袖級的人物、諾貝爾獎金得主、以及各大企業集團的總裁、領導級的政治人物，都具有『暴發運格』。

『暴發運格』會改變歷史，會創造歷史！
『暴發運格』也可以創造億萬富翁，是宇宙間至高無上的旺運！
在你的生命中，到底有沒有這種契機？
你到底屬不屬於那全世界三分之一的好運人士？

且聽法雲居士向您解說『暴發運格』、『偏財運格』的種種事蹟與內涵，把握住自己生命中的爆發點，創造歷史的人，可能就是你！

第八章 『讀書考試一把罩』中利用顏色增運法

第一節 『讀書考試一把罩』的顏色增運法

第八章　『讀書考試一把罩』中利用顏色增運法

『顏色』能影響一個人的心態，這是早就得到科學家們的證實的。但要如何運用『顏色』來為你創造考試競爭的佳績呢？這是很多人都沒想到的事。因此我覺得應該在此處提一下，讓各位即將赴考場，或尚未入考場的人能得到製造旺運的提示。

大家要知道的事是：當你剛出生，剛一呱呱落地，便有屬於你的特殊好運『顏色』就跟隨你了。而且會跟隨你一生一世。

讀書考試一把罩

這個屬於你的特殊『好運顏色』是怎麼訂出來的呢？就是根據『喜用神』所選出的磁場旺方所代表之顏色而定的。

例如：你的『喜用神』需要火，『旺方、吉方、財方』都是南方。而你的旺運顏色就是紅色。

例如：你的『喜用神』需要水，『旺方、吉方、財方』都是北方。你的旺運顏色就是藍色、水色、黑色。

例如：你的『喜用神』需要木，『旺方、吉方、財方』都是東方。你的旺運顏色就是綠色。

例如：你的『喜用神』需要金，『旺方、吉方、財方』都是西方。你的旺運顏色就是白色、銀色、金色。

例如：你的『喜用神』需要土，『旺方、吉方、財方』都是南方和中部地方。你的旺運顏色就是土黃和紅咖啡色。

由此大家可明瞭到，追溯你的『旺運顏色』的出處，其實就是你出生『八字』所代表的時間裡，時間點的本源。因此自你出生開始，就有必用之『旺運顏色』了。

（可參考法雲居士所著《用顏色改變運氣》和《如何選取喜用神》上中下冊等書）

第一節　『讀書考試一把罩』的顏色增運法

首先我們要穿著我們『旺運顏色』的服裝，帶著屬於『旺運顏色』的考試用品。(例如筆、背包等)，坐在『旺運』方向的考場，或是考場教室中的『旺運』方位位置。

例如『喜用神需火』的，就坐在教室中的南方應考，身著紅色衣物，定會有好運降臨、考試順利。倘若紅色衣物太惹眼、不適合、太招搖，你可穿在裡面，外面再穿一般的衣物。你也可以穿紅色內衣來助運。

記住！不是每個人都可穿紅色內衣的，必須要『八字』需火的人才能穿，夏天生的人，八字缺水的人，都不可穿，以免有災和生病。命中土多要水的人，也不能穿。秋、冬和早春出生的人，比較適合穿。

近來電視媒體上的星座藝人專家在大賣紅色內衣做開運物品。會有很多不明究裡的人去追隨購買，也會有一票不適合的人造成可憐的狀況。小則不順，愈來愈窮，大則血光、生病，都是有可能發生的。

倘若『喜用神』需要水的人，需要穿白色、水色、藍色、黑色系列的衣物和用品，才會有『旺運、吉運』產生。如果再穿紅色（紅色面積要小，不可超過一尺見方），容易會產生頭痛或突發的身體不適，而影響考試。

因此，『顏色』對我們非常重要，尤其在考試時，是一種競爭，如果你不用心站在勝利的一方，就很容易落入失敗的深淵之中了。因此要處處小心才是！而且，選對了旺運顏色，不但自己的心境會溫和、舒適，腦子會在一種平和的狀況下運動思考，因此會更聰明，更有智慧。

反觀選不對『旺運顏色』的人，會運氣衰、脾氣爆躁，難以控制，坐立難安，靜不下來，也容易生病或在答題上做出錯誤選擇。這些問題常常會在你忽略了佈置適合於你的『旺運環境』而發生的。所以每個人都要有能力照顧自己，最重要的就是以自己的『旺運顏色』來創造自己的旺運環境了。

考試坐位不是旺方怎麼辦？

倘若考場內，考試的座位已定了，不能更動。而那個方位也不是你的『旺運方位』。你可以利用下課或考試休息的十分鐘或休息的時間，以面向自己『旺方』的方向，坐在座位上。

倘若『旺方』在你的座位背面，你就反過來坐一些時間，來吸收『旺方』的氣息。等開始考試時再坐回去原來的方向。如此，你就能得到『旺運』之氣了。也能幫助你順利應考了。

第九章

『讀書考試一把罩』的文昌位增運法

第一節　『讀書考試一把罩』的文昌位助運法
第二節　『讀書考試一把罩』的文昌位有兩種
第三節　『讀書考試一把罩』的讀書方位
第四節　『讀書考試一把罩』的生活睡眠、磁場關係
第五節　『讀書考試一把罩』的吉色助運法
第六節　『讀書考試一把罩』的考生環境中的沖剋問題
第七節　『讀書考試一把罩』的考生環境中的植物問題
第八節　『讀書考試一把罩』的考生環境中的魚缸問題

第九章　『讀書考試一把罩』的文昌位增運法

在準備考試的過程裡，每個人朝夕相處的就是那幾本書、那些應考資料。有的人緊張兮兮的說：東西這麼多，看也看不完！而且讀書的進度很慢，也不知道唸了記不記得？有用沒用？有的人每天和書本相對，把書本捲曲、蹂躪，離考期還有點距離，書也沒全部看完，書本已將支離破碎了。

這些狀況都是明明知道考試很重要，也想要好好唸書，但是常精神無法集中，記憶力不好，心情有些散漫，所讀的書會斷斷續續的，無法連接起來，而且沒效率，也搞不清楚那些才是重要的會成為考試試題會出現的題材。因此如此的唸書、讀書的狀況，常出現無助的，對前程茫的心情，就這樣一天一天的煎熬著。

有上述狀況的人，以及必須讀書又讀不去的人，你要注意了！你要先看看自己讀書的地方及方位、坐向對不對了。能創造及改變運氣，使運氣能為我們所用，能達成心想事成的方法，就是：

『在對的地方，對的時間點，做對的事情』

在最前面我們所談的是有那些運氣可幫忙我們，那些問題是屬於『對的時間點』方面的問題。現在我們要談談『在對的地方做對的事情』的問題。

第一節 『讀書考試一把罩』的文昌位助運法

你讀書的地方，最好合於自己『喜用神』的方位，這樣，你的頭腦才會清楚，記憶力才會深刻、理解力才會強，也才會讀到對考試有用的書。

例如：你是夏天農曆五月出生的人，命中欠水恐急，有被火剋的狀況。在夏天考試，就是被火剋，會運氣較弱，十分辛苦，也容易身體虛弱、內火外虛。此種命格的人，倘若你又住在南部，你讀書的房間是家中房舍位於南邊的一間房子，或是你及家人也搞不清楚方位，讓你坐在面向南方的書桌前讀書，你就容易坐不住，或是讀書精神不好，常想睡覺，頭昏腦脹，猛K卻提不起勁來，記憶力差，讀書效果事倍功半了。

像這種命中缺水的人，住在北部及面朝北的房子裡來唸書較好，會神清氣爽，頭腦精明幹練，做事有效率，讀書的效果也會好了。

某些冬天生的人，命中缺火。夏天就是他們好運的時間點，因為夏天火旺。其人位在面向南方的房子中讀書，就十分運好、讀書有效率了。

因此，要參加聯考的考生父母們，你們一定要注意考生的書房問題、座位問題、坐向問題，才能真正幫助考生。

有一位朋友要參加中醫檢定考試，已連續考了數年，一直沒通過，於是早早的就北上，來找我幫他定出吉方方位。這位朋友已年近四十，家中做中藥材生意，因此很需要這張檢定執照。

他的吉方方位是北方，因此在南部考試一直不順，後來他決定早幾個月到北部來租屋居住，專心準備考試。所幸妻子也十分支持。

這位朋友是『七殺坐命』申宮的人，又在『七殺』的年運上考試，所以他會一板一眼的、很確實的做到對考試該小心的事情。例如睡床和書桌的擺設，都很重視要合於方位的問題。當然所住房子的門向，以及書房的門向也一一合乎標準了。

非常慶幸，在這一年全心全意努力的結果，終於拿到了檢定合格證書。

讀書方位包括的事項

正確的讀書方位中，要注意書房的位置、客廳與書房的門向、睡床的方向、書桌的方向。

考生書房的位置

考生書房的位置，是好是合於其本人『喜用神』之位置。例如『喜用神』要水的，最好就是家中靠北邊的屋子。喜用神要『火』的人，就住在家中靠南邊的屋子，喜用神要『木』的人，就住在家中靠東邊的屋子之中。喜用神要『金』的人，就住在家中靠西邊的屋子中。喜用神要『土』的人，就住在家中靠南邊或屋中央的屋子之中。其人才會做出對的思考，才能睡眠充足、頭腦清新聰明，讀書順利。

但是，很多家庭主臥房是給父母住的，考生是小孩時，就不一定能運用此原則來為他佈置讀書位置了。但是還可想其他的辦法來為他助長讀書運和考試運。

第二節 『讀書考試一把罩』的文昌位有兩種

通常我們會在遷入一間房舍時，就先找出此房子的『文昌位』出來。

通常在任何人家中的『文昌位』也只有兩個（所有的文昌位只有兩個），一個是家中的西南方位的位置，一個是家中東南方的位置。

例如『命中需水』的人，是以家中西南方位的房間為『文昌位』之房間，考生或在讀書的人，以此房間來唸書，功課最好。

而『命中要火』的人，是以家中東南方位的房間為『文昌位』之房間，考生或讀書的人，以此房間來做臥室或讀書的書房，來唸書，會成績好、又愛讀書，事半功倍，特別聰明。

電視上有許多命理師說：『文昌位』每年一變，每年都不同，又說：什麼屬相的人，有什麼不同的『文昌位』，其實這是不對的。那是

讀書考試一把罩

『文昌神』會走動，每年跑到不同的方位，『文昌神』跑到的方位，就是容易出狀元的地方。而每個家庭、每個房子的『文昌位』都是固定的，就只有這兩個位置，請大家不要跟著一知半解的命理師做無謂的煩惱。

再說，用屬相來定『文昌位』，就是用年命來定『文昌位』，這也不對！年命代表整年的運氣，一年有『春、夏、秋、冬』四季，所屬的吉氣都不一樣，那能以年命或屬相來論命呢？再說同一屬相的人，有生在冬天的、也有生在夏天的，所需要用的『喜用神』來補元神的方式就完全不一樣了。那裡能一視同仁的用『年運』來選『文昌位』呢？

因此要以其個人的『喜用神』方位為準是最精確、最確實會幫助此人，對此人有用的了。

『文昌神』其實是一種氣，像『胎神』一樣，也是一種氣，它會因為時間和季節變化、以及五行之氣的運轉而移動，『文昌神』停留的地方，就是文風旺，容易出狀元的地方。

第三節 『讀書考試一把罩』的讀書方位

書房的方位要在家中『文昌位』，居住使用的人最會讀書，也最精明會賺錢。

書桌也要於在『文昌位』上，才對讀書有用。例如：命中要火的人，就坐在家中屬東南方方位的房間中讀書，再把書桌也放在該房間內的東南方方位，就是確確實實的穩坐於『文昌位』了。

對於『文昌位』，我本身就有特別的感受，就像我自己和女兒的『喜用神』是不一樣的，我需要『水』，女兒需要『火』。於是我倆就和有不同的『喜用神』需要了。於是我用家中的西南方位的房間做書房，常在此房間寫書。我還一定要坐在我的書桌前，才能文思泉湧，寫作順利，換了位置和地方，就很難靜得下來。

女兒就用家中『東南方』的房間做書房。考大學、讀書，一直很順利。後來有一段時間去工作了、很忙，就很少待在那個房間中了。後來又決定考 IELTS 語文測驗，決定出國唸書，也是在那個房間讀書，很快的便考過了，出國去了。

因此，要讀書要坐對位置。書桌的方位尤其重要。尤其某些人由於家中房間坪數有限，沒辦法安排書房來適應考生或讀書者需要時。**請你就注意兩個大問題：一個是書桌的方位。一個是睡床的方位**。這兩個條件是人最要緊的位置觀念。這兩項也是能用吉方磁場來影響你的思想與命運好壞的重要利器。

書桌吉方方位

書桌擺放的吉方方位，以其人的『八字喜用神』為主。

喜用神需要『金』的人，以坐東、面向西方的方向入坐，書桌放在房間中的西南方方位。坐的人臉面向西方。命中缺金而需要金的人，多半是意志力、性格都不堅定的人，因此需要堅硬的金的助力。若坐向對時，你就會有奮發力，有目標來努力。堅持力也會漸漸增加了。

喜用神需要『木』的人，以坐西朝東，面向東方的方向入坐，書桌放在房間的東南方方位。坐下去臉要朝向東邊。命中需木的人，多半八字中土多或水多，因此需要用木來疏土，或吸水、導水。若坐向正確時，其人頭腦會聰明，愛接近書，也容易坐下來看書，或漸漸對書中的內容有興趣。否則會不愛唸書，又頭腦愚笨。

喜用神需要『水』的人，以坐南朝北，面向北方的方向入坐，書桌放在房間中的西南方、面向北的位置。命中需水的人，命格火躁，脾氣急，多勞碌奔波，靜不下來，方向對後，便可有穩定、安靜的心情來唸書了。

讀書考試一把罩

喜用神需『火』的人，以坐北朝南、面向南方的方向入坐。書桌放在房間中的東南方，面南的位置。命中要火的人，命格較寒冷，凡事容易放棄、不起勁。有些人也會表面看起來急躁，想快速抓到好處，或快速唸一下，但最後仍會放棄。方向對了以後，此人會多用腦子想想，也會周密的思考，凡事會更圓融，自然也對讀書有利了。

喜用神需『土』的人，以坐北朝南，面向南方的方向入坐，書桌要放在房間中的東南方或南方為佳。八字需土的人，必是八字中水多土蕩，須以土來制水、做堤防的命格，或是以土為財星的命格。

本來五行屬『土』的位置是在中間、中央。但書桌放在房子正中央，沒有靠山並不好。因此要放在房子『文昌位』上較好，八字金水系列（八字中多庚、辛、壬、癸）的人，以東南方的『文昌位』較好。而八字以『財星』做用神的人，則以西南方的『文昌位』為佳。

第四節 『讀書考試一把罩』的生活睡眠、磁場關係

睡眠好壞對人很重要，對考生或讀書人來說，更是十萬分的重要。睡不好，記憶也變差，反應會遲鈍，如何能唸好書，及應付考試呢？

要注重睡眠品質，首先要看睡床擺的方向是不是對的。睡床放置的方向，仍是以該人喜用神的宜忌為主要圭臬。並且人的頭的部份為重要部位。因為頭是人的首要部位。以人的頭的方向、方位為主，來設定位置。

為什麼要注重睡床的方位呢？這主要是要考慮到人在睡覺時，躺下來，平躺時，是不是會和地球和整個的宇宙，做一場磁場的呼應和交

換氣息的動作了。

在古代的養生哲學裡，也以睡眠為重要的養生項目。人在睡眠時，就是在和宇宙及地球、大氣中做磁場的補充、交換，呼應等動作。所以睡覺時頭位很重要。頭位正確，你才會得到充份完整的睡眠，精神也才會好，完成得到補充。否則易失眠或睡不好，容易做惡夢、受到驚恐，多煩惱，也會影響身體的多方向問題。自然也沒辦法在讀書及考試上有好的表現了。

● **喜用神需要『金』的人**，以頭向西，平躺下來之後，頭在西方腳在東方的位置。此睡眠的位置，表示你在休息睡眠時，**你的身體是和地球的地軸呈垂直狀態的**。你必須如此，才能接受地球或宇宙帶給你的『磁場磁力』，你的人生才會順利，你的頭腦也才會清晰聰明。

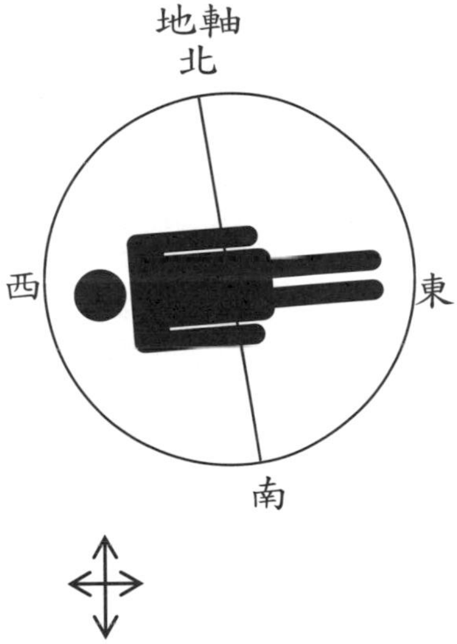

地軸
北
西
東
南

※因地軸與地心呈
23.5 度的傾斜角度

●**喜用神需要『水』的人，**以平躺後，頭在北方，腳在南方的位置為最佳的睡眠位置。你的床頭方位是朝北的方位，這表示你在睡眠時，**你的身體是和地球的地軸呈平行狀態來接受磁場的效應，**以達成補充元氣的效果的。

●**喜用神需要『木』的人，**以平躺後，頭向東方，腳在西方的位置為最佳的睡眠位置。你的床頭方位是朝東方的方位。這表示你在睡眠時，**你的身體是和地球的地軸呈垂直狀態來接受磁場的效應。**

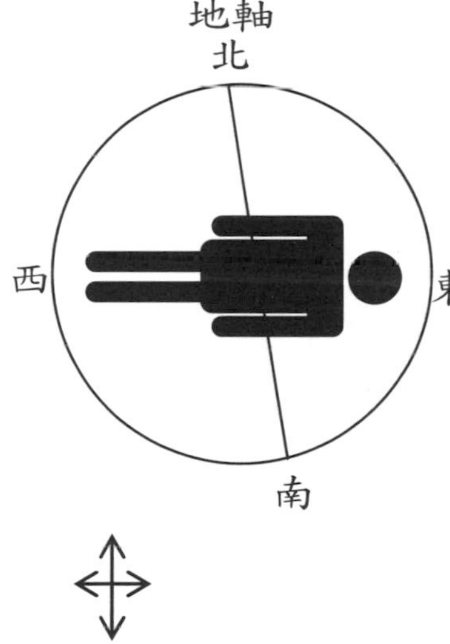

● **喜用神需要『火』的人，**平躺之後，以頭向南方，腳向北方的位置為最佳的睡眠位置。你的床頭方位是南方的方位。這表示你在睡眠時，**你的身體是和地球的地軸呈平行狀態來接受磁場的效應，**最能補充元氣的。

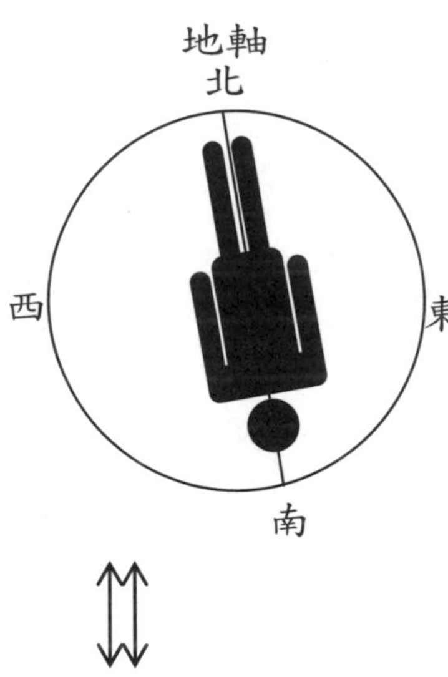

讀書考試一把罩

● **喜用神需要『土』的人，**平躺之後，頭向南方，腳向北方的位置為最佳的睡眠位置。你的床頭方位是朝正南方的位置。因為五行屬土是代表中央，中部的位置，以火生土的方式，一般都用南方來代表其方位。在睡眠時，**你的身體仍是和地球的地軸呈平行狀態的。**

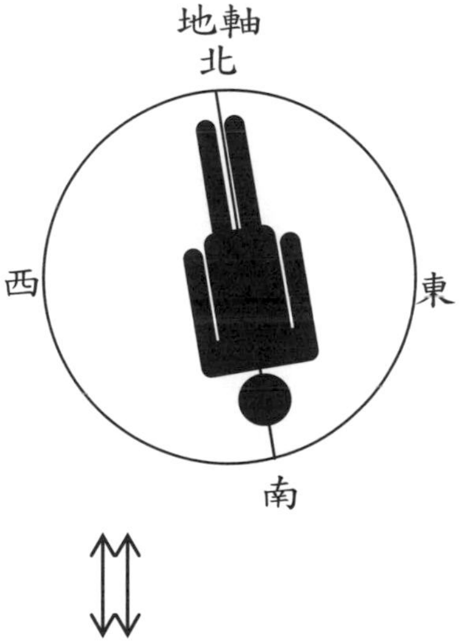

地軸
北
西
東
南

讀書考試一把罩

睡眠的方式和方位對於任何人來說都十分重要。對無論是從商、想賺錢的人、或讀書想考試的人，或是想生活過得好的人，對於任何一個想運氣變好的人來說，都應該注重自己在睡眠時補足精力、補充精神、補充自己生命磁場的容量。因此，必須注重『頭朝向』的方位問題。

很多整日頭腦昏昏、精神萎靡不振，胃口不好，常丟三忘四，記憶力不佳的人、沒有創造力的人，往往都是在睡眠的方位不正確所致。**睡眠的方位不正確，若頭朝向之方位為你的凶方，**大則頭腦不清，做事糊塗，易會有血光、災禍。小則人生不順，丟工作，無工作，生活困苦。人生多黑暗面或較灰色不積極，人會懶洋洋的提不起勁來。**人如果睡眠方位正確，會頭腦清楚、聰明，有奮發力，**人生會在積極面，睡眠平穩，少惡夢，精神得到確實的休息，彷彿經過磁場充電一般，能生龍活虎的過快樂生活。

因此不論你是否參加考試，實際上都要把睡床之床頭方位擺正確才好。而正要參加考試的人，更必須要床頭位正確，才能有好頭腦應付考試。

第五節　『讀書考試一把罩』的吉色助運法

『顏色』對所有的人來說都非常重要。因為映入眼簾的『顏色』便會直接進入人的大腦，刺激大腦，而讓人直接產生一些情緒的波動和反應。所以『顏色』有『顏色』所代表的運氣。而同一種『顏色』對某人而言，可能是助運的吉色，而對另一個人而言，就可能是不吉的凶色。就像中國人喜歡大紅色，凡是喜事都用紅色，但是很多夏天生的人，或命中火多欠水的人，就不能多穿紅色，否則便有血光之災或生病，或是錢財損失上的問題。

對考生來說，『顏色』更是重要的。這包括了你讀書環境中，房間所佈置的『顏色』，以及你本身家居或外出，以及赴考所穿戴物用品的顏品。

『顏色』仍以五行之色來分類，並且以其人『喜用神』宜忌來尋找自己適合的『顏色』。

● **喜用神需要『火』的人，宜多穿紅色**。亦可以紅色內衣貼身穿著以助運。喜用神需丙火的人，要用大紅色。喜用神為『丁火』的人，要用淺紅、粉紅色，會對你的人生產生助運的力量。

● **喜用神需要『木』的人，宜多穿綠色**。喜用神需甲木的人，要用深綠色。喜用神為『乙木』的人，宜穿淺綠或蘋果綠。喜用神為『木』的人多半奮發力較差，多穿綠色衣物用品後，會奮發力增強，活動較好，人也會較聰明一些。

● **喜用神需要『金』的人，宜多穿白色、銀色或金色，古銅色。**穿水色、淺藍色也不錯，這是喜用神屬於金水系列的顏色，可以通用。喜用神為『金』的人，也是容易意志力不堅定的人，凡事硬不起來。穿白色、金屬色的衣物久了之後，性格會改善，較有決斷力。

● **喜用神需要『水』的人，宜多穿水色、藍色、黑色，白色也可以用，因金會生水的關係。**喜用神要『水』的人，因火多土燥，性格急、脾氣壞，又頑固，不夠圓融，在學習上、考試上也會有許多瑕疵及問題。多穿金水系列的顏色之後，便能心境平和、處事圓融，讀書也能靜下心來，睡眠也會安穩了，使人的精神能抖擻，更能精

讀書考試一把罩

明幹練的應付考試！

●**喜用神需要『土』的人，宜多穿紅色、土黃色、咖啡色系列的衣物用品。**喜用神需土的人，是命中水多或水木格局的人，多半性格有些古怪，孤高自賞，喜歡和人不一樣。多穿火土系列的顏色之後，其人較能和人和諧相處，做人處事較圓融，也容易體諒別人。當然在考試方面，他們本身很聰明，也容易猜題正確了。

以上所說的助運吉色，是要全部實施於生活之中的，不但讀書房間裝潢要以其人需要的吉色為主，窗簾、床罩、被褥、傢俱，所有你在房間中眼睛所看到之物品，一定要多數用吉色來佈置，要營造一個好的『磁場環境』，才會對你有用，也才能真正助運。

第六節　『讀書考試一把罩』的考生環境中的沖剋問題

有很多考生的書房就是臥房，會把自己心愛的玩具或運動器材放在房內，讀書累了，就運動一下或把玩一下。這是十分不好的！因為k書、讀書的環境是『靜態的磁場』在緩緩流動，人的運氣也是在緩緩的向前移動。一旦突然運動起來，就會擾亂了『磁場』的氣流，你就較難回到剛剛平靜的唸書心態了。因此要休息一下、運動一下，應暫時離開k書的房間，到另一個環境中去活動較好。

考生讀書房間內的擺設用品不可沖剋考生。例如生肖屬兔的人，不可擺雞的裝飾擺設，因為卯酉相沖的狀況是不吉的。

其中以子午相沖（鼠馬相沖）、寅申相沖（虎猴相沖）、巳亥相沖

（蛇豬相沖）都是較厲害的沖剋。這種沖剋也會造成房間內磁場的不平衡，會直接影響到人的運氣。

考生房間內的擺設物品，如玩偶、時鐘等，最好所選的用品圖案形狀，就是自己的生肖屬相是什麼，就擺什麼。如自己是屬羊的，就以羊為吉祥物，屬豬的，就以豬為吉祥物，較不會有沖剋。

此外還可以生肖三合的屬相為吉祥物。例如生肖屬豬的人，可以兔、羊為吉祥物來助運。生肖屬鼠的，就可以龍和猴子的吉祥物來助運。

三合生肖組合

申、子、辰　猴、鼠、龍

巳、酉、丑　蛇、雞、牛

寅、午、丑　虎、馬、狗

卯、亥、未　兔、豬、羊

以上有四組三合生肖組合，每一組中的動物形像都是可相互在吉相位置的，不會有衝突、沖剋。但四組不可調換使用，就會產生沖剋了。

第七節 『讀書考試一把罩』的考生環境中的植物問題

考生房中的植物，不宜放針葉植物，像鐵樹、松柏盆景等植物，這些植物不助運，反而損傷運氣，亦會使其人性格有怪癖或孤高，說話做事帶刺，在讀書方面也會鑽牛角尖，做人也會帶刺。

考生的房間應放黃金葛等圓形葉子的植物，而且植物不要太大，也不要放太多盆，因為這些會放在房間中的植物是屬乙木，在人的環境中乙木太多，其人容易唸書唸偏了，或唸了而無用。考生的房間放萬年青，或節節高升的竹子小盆栽都是好的，可助運的。

宗教用的法器也最好不要放在考生讀書的房間內。有些人想藉由神助，或利用宗教讀經的方式來為考試助運。但不宜在k書、讀書的房間內讀經或膜拜。這樣容易招陰，影響人的精神狀況，要拜拜、祈禱，或做宗教式的參拜活動，要在另一個房間做最好，這樣才不會影響到讀書的效果。

第八節 『讀書考試一把罩』的考生環境中的魚缸問題

考生的房中是否適合擺魚缸，要看其人的『喜用神』是什麼而定了。任何人的屋子裡要放魚缸，都要看八字喜用是什麼而定的，如果一個人的喜用神要火，而房間內放置了魚缸，則此人是感覺不出好運，而且時常有洩運、不順的時候，還容易傷風感冒，時有病痛及車禍、傷災。就算是小小的一只見方的小魚缸也不可以。

讀書考試一把罩

『喜用神』要火的人，應在房間中放紅色的擺飾，像麒麟之類的吉祥物較好。也不能放水晶礦之類的擺飾，否則會洩氣更快，衰運更多。

水晶和魚缸都是『喜用神』是需金水的人所要用的。這些人用魚缸和水晶，就會形成磁場，為他們帶來如潮水般的好運。

桃花轉運術
紫微攻心術
紫微賺錢術
紫微改運術

第十章

『讀書考試一把罩』中為自己塑造旺運環境

第一節　『讀書考試一把罩』中，選擇好運的同伴一起讀書、考試

第二節　『讀書考試一把罩』中，好好選擇精神支柱

第三節　『讀書考試一把罩』中，先選擇禮物做目標犒賞自己

流年轉運術

法雲居士⊙著

算運氣、算流年，大家都希望愈轉愈好，有的人甚至希望能『轉運』，去除衰運。

實際上會運用『流年』算法的人，就能利用『流年』來轉運了。

『流年轉運術』是一本幫助大家運用
流年推算法，來控制好運到來的時間的利器。
一方面幫助大家趨吉避凶，另一方面幫助大家
把好運、強運像疊羅漢似的，一層一層堆高，
使你常身處在無限的好運、旺運之中。
如此，便一生也不會遭災難侵襲了。

第十章 『讀書考試一把罩』中為自己塑造旺運環境

前面說過，自己的旺運環境需要自己去創造。考試時的旺運環境仍是需要我們自己來創造。這時候有些人就會懷疑了，考試時間和考場地方都是由別人來指定的，我們還有什麼方法來為自己創造旺運環境呢？

有的！還有很多方法能為你自己創造旺運環境，只看你是做、是不做了！下面幾小節，就是能為你自己創造旺運環境的秘訣、撇步了。

第一節 『讀書考試一把罩』中，選擇好運的同伴一起讀書、考試

要創造自己旺運環境的第一步，就是要選擇你周遭的朋友，和一同生活的人。

如果你周圍的朋友或家人兄弟姐妹都是愛玩、坐不住、不喜歡讀書、愛東跑西跑或大聲喧鬧的人，你也沒辦法靜下心來讀書。自然近朱者赤，近墨者黑的原理就十分明確了。

有一位年青朋友，他的家裡是在基隆廟口賣冰做生意的。生意十分好，人手常不足，父母就希望他去幫忙做生意。但是這位朋友喜歡唸書，命格中也有『陽梁昌祿』格，而且個性斯文，不喜歡夜市的吵雜，想繼續考研究所來讀書。父母和兄弟都是在夜市中賺錢賺的開心的人，

常罵這位朋友，也認為他讀那麼多書有什麼用！於是這位朋友很痛苦，他認為一輩子在夜市賣冰並不是他所想要過的生活，因此很徬徨。

我是認為每個人有每個人的人生脈動，這位朋友的人生脈動就是讀書，具有高學歷而有較優的工作和事業的。很顯然的，他和家人的人生歷程的道路是不一樣的。每個人都走自己的人生道路，走不到別人的路子上去。學別人走，也會走不好的。因此勸他自己辛苦一點，先搬出來住，一面工作，一面準備考試，先把自己的環境清理一下，否則父母天天大噪門的叫喊及罵人聲，如何能帶給他旺運的環境呢？這樣再辛苦也不見得考得上呀！

古代有了權力鬥爭而『清君側』的做法。就是清理皇帝身邊的小人。現今你要旺運進到你這一邊來，首先也要對自己周遭環境的處理，先把防礙你讀書的人、事、物移開，或躲避他們，就能為自己創造旺運機會和環境了。

接下來，就是要選擇好命和好運的人一同讀書，共同激勵。

如何選擇好命、好運的人一同讀書、赴考

好命的人怎麼看：

一般簡單的來尋找好命的人就很簡單，例如脾氣溫和、有主見，少和人發生衝突，做事有方法，情緒起伏不會太大，和人應對很體面又合情合理。也會有上進心，知道自己的目標和未來的方向是什麼，不會隨便吹牛、誇大，對人誠懇，少說謊，做人實在，腳踏實地的人，就大致命還不差。

另一種尋找好命人的方法，就是由『年、月、日、時』印出命盤

來看，來確定命格是吉星居旺的人，就容易是好命的人，性格、為人也不會差。**另外看看他有沒有『陽梁昌祿』格，**以及是否此年考試正坐在格局上。如果都是的話，此人今年容易有考運，他會坐得住唸書、k書，也會是你的好的唸書同伴，相對的，也能帶給你讀書和考試的好運。

相反的，倘若你自己有『陽梁昌祿』格，而逢考年又坐在此格局上時，和你一同讀書及將一起赴考的同學或朋友並沒有此貴格，運氣又不在『太陽』、『天梁』這些年運上的話，你就會比較累！你的考試運將被人拉下一些。因此，你倒不如自己唸，自己k書，不要找朋友一起唸。否則你也會被周圍的人影響而考試成績會打折扣了。

讀書考試一把罩

好運的人怎麼看

一般簡單方法來尋找『好運』之人，就是看你周圍朋友中，一向是非少，麻煩事少，性情和你相合，又很會處理事情，唸書、k書的手腳快，很快就把該唸的唸完了，而且功課很好，測驗都輕鬆有高分的人。這些人會讀有用之書，反應靈氣，考前猜題也很準，會帶給你考試上一些利益。你跟他在一起時，常會得他照顧的好處。因此你就可斷定此人是帶有好運的人了。

另一種更精確能尋找出『好運人』的方法，就是印出命盤來看，找出他目前的運氣運行的年月出來，你就會知道他目前的好運到什麼程度，且對你有幫助的旺運到達何時？兩個人是否能平安相處、相互有助益的一同努力於考試了。

當然你更可算算在考試當天是你的運氣好，還是他的運氣好？相互是不是能一同更增旺運的，則可攜手同赴考場，將來也可一同慶祝中榜之樂了。

第二節 『讀書考試一把罩』中，好好選擇精神支柱

在考試期間，最好考生要有一個精神堡壘。當然以宗教來做精神堡壘和後盾最為適合，而且用的人也最多。

一般考生在逢考試之前，會去拜文昌帝君或關公。無論你拜誰，也無論你的宗教信仰是什麼，是佛教或基督教，只要能帶給你穩定心智，和增加信心，激發一些潛在力量、奮發力量的理性精神活動，都對任何考生來說是好的。

有的人會說，這樣是不是太鼓勵迷信了。可是你有沒有看到現代

的大老闆，大企業家都有自己的宗教信仰。例如長榮集團的老闆張榮發篤信一貫道。宏碁集團的施振榮先生信ＸＸ媽、鴻海集團的郭台銘先生信他的土地公。

宗教能使人意志集中而在人體中產生能量，使人奮發。你也可說迷信造成了意志力集中而產生能量。但能使人奮發的力量都不是壞事。只是不要走火入魔就好了。

一般會在考試時去拜文昌帝君或關公的人，都是拜拜新手，以前可能從來沒拜過神，遇到考試沒辦法了，來臨時抱佛腳一番。抱著茫然的心，也不知道準不準，姑且試之的心理。另一些是跟著緊張你考試的長輩或母親到寺廟中拜拜，你也是混混沌沌的依樣學步。不過，大家都告訴你：心誠則靈。因此在考試作答時，你也要『心誠則靈』，老老實實的認真作答，就會有好成績出現了！

在我女兒大學聯考時，我也帶著她去拜了文昌帝君、媽祖、關

公、觀音菩薩大大小小數十尊神祉。我想這是一個做父母想為子女做些好事的心意。也好像是帶著心愛的子女去介紹給重要的人物。這些神明就是重要人物。

自古以來，中國人從敬天、順應自然法則中，找到了運氣運行的法則。因此，就算是迷信又何妨呢？至少，人的靈魂得到安頓，我們為自己建築起的精神堡壘會確實的照顧他，給他力量，和能量，來達成每一個人的夢想和目標。

第三節　『讀書考試一把罩』中，先選擇禮物做目標犒賞自己

很多父母為了鼓勵子女在考試時得高分和容易上榜，預先就會許下諾言買許多禮物來做為獎賞。常常子女對父母所給的禮物沒有興趣或

讀書考試一把罩

意見太多，而無確實的績效。這樣很不好！

我認為獎賞要自己買給自己或做給自己，把這份獎賞、禮物做為一個目標或里程碑來努力。

用這種自己對自己負責，對自己獎勵的方式來做階段式的奮發向上的原動力，是最值得人尊敬欽佩的了。

同時，我認為這種自己獎勵的方式也是在人生中做自我教育最成功的體驗。

到底要用什麼東西來獎勵自己最好呢？

你可以把自己的嗜好、愛好？翻出來品一下，分成大小等級，也要把考試的陣仗分成大小等級，因此你就可以考試對你人生中的重要性來做一個層級分數了，比較重要、關鍵性的考試，就分配貴重一的禮物，例如精緻一點的國外旅遊，或貴重一點的物品、飾品、用品。比較通常的考試測驗，但有競賽性質的，就可選一些小件或價值不高的物品來獎勵自己。也可能根本不必花大錢，而送給自己一個愉快的下午茶時間，也是十分溫暖窩心的做法。因為你自己知道：自己又贏了一次，自己真棒！在內心為自己喝彩！

我常認為，每個人都要學習鼓勵自己，使自己的人生愈來愈往幸福的、快樂的、陽光面走。不要把自己陷在猶豫、徘徊的十字路口。或是把自己丟在黑暗不明的暗夜之中，使自己的心境和目標前途都彷佛沈入谷底一般，這樣你就很可能永遠要奮發很難，人生要贏也很難，也容易成為扶不起的阿斗了。

有一位朋友很喜歡紙雕，為了考試後獎勵自己的方式，就是去買一本學習紙雕的書。他從小學三年級開始有這個嗜好的。後來他也買了工具來自己練習製作紙雕。每次做這個紙雕的活動都是在考試之後才做的。當作是一種獎勵自己的方式。長年之後，紙雕的技術愈來愈好，後來他把自己所做的紙雕賣給一家燈具店做燈具的設計。後來也繼續幫燈具店設計新的燈具，目前已是一家大的燈具店老板了。

你看！這原來是自己為了獎勵自己考試所做的勞作遊戲，後來竟成了累積人生財富的重要財源路徑。

還有一位朋友，從小愛好美食，父母也愛好美食。從小考試考好一點，就全家大小上館子慶祝一番。後來他自己稍長，在國中、高中、大學階段仍是用這種方法來獎勵自己。並且自己設限，每次要去不同的、有意思的餐廳品嚐，有時還去國外追鮮，於是長久下來，他儼然已是一個國際級的老饕了。因此現在他出了美食方面的書，也在廣播節目中主持旅遊與美食的節目。

上述兩則是我身邊的人所發生的事情，讓我更覺得自己犒賞自己是更能激勵自己向目標邁進的好方法了！

第十一章　『讀書考試一把罩』的龍年、蛇年的考試運

對你有影響的

法雲居士⊙著

在紫微命理的學理中，命盤上每一個宮位、星曜、星主、宮主都是十分重要的。
其中，身宮、命主和身主，代表人的元神、精神，是人靈魂方面的內涵。
一般我們算命，多半算太陽宮位，是最起碼的算命方式。像身宮是太陰所管轄的宮位，我們要看人的內在靈魂，想看此人的前世今生，就不能忽略這些代表人內在靈魂的『身宮、命主、身主』了！

星曜特質系列書包括：『殺、破、狼』上下冊、『羊陀火鈴』、『十干化忌』、『權、祿、科』、『天空、地劫』、『昌曲左右』、『紫、廉、武』、『府相同梁』上下冊、『日月機巨』、『身宮、命主、身主』。此套書是法雲居士對學習紫微斗數者常忽略或弄不清星曜特質，常對自己的命格有過高的期望或過於看輕的解釋，這兩種現象都是不好的算命方式。因此以這套書來提供大家參考與印證。

第十一章 『讀書考試一把罩』的龍年、蛇年的考試運

考試到底有沒有運氣？

凡是一個人或一個生命，存活在世界上時，就會有運氣！

凡是有『時間』的運作，就會有運氣！

目前紫微斗數可根據個人的生日的『年、月、日、時』印出命盤，再根據盤局來推算運氣是最準確的運算運氣的方法。紫微斗數的神妙精準，已在華人及東方社會中形成一種風潮。日、韓兩國的人，也有

讀書考試一把罩

研究紫微命理及運氣的人。如果想瞭解更多，請上我們的網站！

紫微斗數根據每個人的生日所印出的命盤，基本上有十二種基本型式。再由這十二種基本型式再加上年、月、日、時的不同，再配上干系星（權、祿、科、忌和羊、陀）、月系星（左輔、右弼）、時系星（火星、鈴星、地劫、天空）等星，而使人有了吉順凶厄等運氣。

命盤上有十二個地支宮，如『子、丑、寅、卯、辰、巳、午、未、申、酉、戌、亥』等，代表十二個年份。

例如今年是辰年(龍年)，你便可以辰宮為今年（龍年）一年的運氣好壞來預測。狗年就用戌宮這一格來預測狗年的運氣好壞。豬年就用亥宮這一格來預測豬年的運氣好壞。

十二個命盤格式的基本型態如下：

1.紫微在子

太陰(陷) 巳	貪狼(旺) 午	天同(陷) 巨門(陷) 未	武曲(得) 天相(廟) 申
廉貞(平) 天府(廟) 辰			太陽(平) 天梁(得) 酉
卯			七殺(廟) 戌
破軍(得) 寅	丑	紫微(平) 子	天機(平) 亥

2.紫微在丑

廉貞(陷) 貪狼(陷) 巳	巨門(旺) 午	天相(得) 未	天同(旺) 天梁(陷) 申
太陰(陷) 辰			武曲(平) 七殺(旺) 酉
天府(得) 卯			太陽(陷) 戌
寅	紫微(廟) 破軍(旺) 丑	天機(廟) 子	亥

3.紫微在寅

巨門(旺) 巳	廉貞(平) 天相(廟) 午	天梁(旺) 未	七殺(廟) 申
貪狼(廟) 辰			天同(平) 酉
太陰(陷) 卯			武曲(廟) 戌
紫微(旺) 天府(廟) 寅	天機(陷) 丑	破軍(廟) 子	太陽(陷) 亥

4.紫微在卯

天相(得) 巳	天梁(廟) 午	廉貞(平) 七殺(廟) 未	申
巨門(陷) 辰			酉
紫微(旺) 貪狼(平) 卯			天同(平) 戌
天機(得) 太陰(旺) 寅	天府(廟) 丑	太陽(陷) 子	武曲(平) 破軍(平) 亥

5.紫微在辰

天梁(陷) 巳	七殺(旺) 午	未	廉貞(廟) 申
紫微(得) 天相(得) 辰			酉
天機(旺) 巨門(廟) 卯			破軍(旺) 戌
貪狼(平) 寅	太陽(廟) 太陰(廟) 丑	武曲(旺) 天府(廟) 子	天同(廟) 亥

6.紫微在巳

紫微(旺) 七殺(平) 巳	午	未	申
天機(平) 天梁(廟) 辰			廉貞(平) 破軍(陷) 酉
天相(陷) 卯			戌
太陽(旺) 巨門(廟) 寅	武曲(廟) 貪狼(廟) 丑	天同(旺) 太陰(廟) 子	天府(得) 亥

7.紫微在午

天機(平) 巳	紫微(廟) 午	未	破軍(得) 申
七殺(廟) 辰			酉
太陽(廟) 天梁(廟) 卯			廉貞(平) 天府(廟) 戌
武曲(得) 天相(廟) 寅	天同(陷) 巨門(陷) 丑	貪狼(旺) 子	太陰(廟) 亥

8.紫微在未

巳	天機(廟) 午	紫微(廟) 破軍(旺) 未	申
太陽(旺) 辰			天府(旺) 酉
武曲(平) 七殺(旺) 卯			太陰(旺) 戌
天同(平) 天梁(廟) 寅	天相(廟) 丑	巨門(旺) 子	廉貞(陷) 貪狼(陷) 亥

9.紫微在申

太陽(旺) 巳	破軍(廟) 午	天機(陷) 未	紫微(旺) 天府(得) 申
武曲(廟) 辰			太陰(旺) 酉
天同(平) 卯			貪狼(廟) 戌
七殺(廟) 寅	天梁(旺) 丑	廉貞(平) 天相(廟) 子	巨門(旺) 亥

10.紫微在酉

武曲(平) 破軍(平) 巳	太陽(旺) 午	天府(廟) 未	天機(得) 太陰(平) 申
天同(平) 辰			紫微(旺) 貪狼(平) 酉
卯			巨門(陷) 戌
寅	廉貞(平) 七殺(廟) 丑	天梁(廟) 子	天相(得) 亥

11.紫微在戌

天同(廟) 巳	武曲(旺) 天府(旺) 午	太陽(得) 太陰(陷) 未	貪狼(平) 申
破軍(旺) 辰			天機(旺) 巨門(廟) 酉
卯			紫微(得) 天相(得) 戌
廉貞(廟) 寅	丑	七殺(旺) 子	天梁(陷) 亥

12.紫微在亥

天府(得) 巳	天同(陷) 太陰(平) 午	武曲(廟) 貪狼(廟) 未	太陽(得) 巨門(廟) 申
辰			天相(陷) 酉
廉貞(平) 破軍(陷) 卯			天機(平) 天梁(廟) 戌
寅	丑	子	紫微(旺) 七殺(平) 亥

龍年時，所有人龍年的運氣都停留在辰宮的那一格。蛇年時，所有人的運氣都停留在巳宮的那一格。馬年時，所有人的運氣都停留在午宮的那一格，以此類推。

（各位讀者，你可上網去印命盤，有很多免費印命盤之網站，再用自己命盤來和本書核對，你就可馬上看懂自己的運氣了）

龍年有考試運和讀書運的命盤格式

各位讀者！打開你的命盤，以命盤上之『紫微星』落於何宮，就是何種命盤格式，如『紫微』在子宮，就是『紫微在子』命盤格式。

如果你是『紫微在未』命盤格式、『紫微在寅』命盤格式、『紫微在辰』命盤格式、『紫微在巳』命盤格式、『紫微在未』命盤格式、『紫微在申』命盤格式、『紫微在酉』命盤格式、『紫微在亥』命盤格式，這

讀書考試一把罩

八個命盤格的人，你今年的考試運算是不錯的，大有機會榮登榜上。但是！**仍要注意：**①『紫微在寅』、『紫微在申』兩個命盤格式在辰年是靠『武貪格』暴發運而考中的。但壬年、癸年生的人，有『武曲化忌』或『貪狼化忌』而考運失敗。此外，乙年生人，有『太陰化忌、擎羊』在辰宮，其他有『化忌』、『擎羊』、『天空』、『地劫』在辰宮的人，仍是考試不順的。

龍年沒有考試運和讀書運的命盤格式

龍年沒有考試運和讀書運的命盤格式的人是：①『紫微在子』命盤格式，因為走的是『廉府運』，會交際應酬多、跑來跑去、靜不下來、運氣不錯。但即使有『文昌、祿存』在辰宮出現，仍無法形成『陽梁昌祿』格，你不會想去考試，加強用心認真努力，還是會考中。**②『紫微**

在戌』命盤格式的人，龍年走的是『破軍』的運氣，周圍會發生很多複雜或爭鬥或破破爛爛的事情或身體不佳，心情不佳，使你放棄考試。此年打拼成功和失敗各半。**③『紫微在卯』命盤格式的人，**龍年走的是『巨門居陷運』，因對宮戌宮是『天同居平』的關係，因此龍年你過的懶洋洋的，口舌是非、爭執又多，根本不想打拚，也不想在考試上辛苦努力，所以考試運不佳。如果有嚴格的師長、家人督促，說不定你也會奮力積極起來。

倘若這三個命盤格式的人，又是乙年或丙年、戊年生的人，龍年將是最痛苦難熬，運氣最慘的一年。

辰年有『中等考運』的人如下：

辰年考運為中等的人，有『紫微在子』命盤格式的人，及『紫微

在午』命盤格式的人，以及『紫微在寅』命盤格式的人，以及『紫微在酉』命盤格式的人。

『紫微在子』命盤格式的人，辰年走辰宮的流年運氣是『廉府運』。此運剛好不在『陽梁昌祿』格的運氣上，是屬於交際應酬多的運氣。因此你會對考試之事不務實準備。反而常去和朋友及同屆考生哈拉、拉關係，希望多知道一點考試的內幕消息，希望多打探一些有關考試的祕聞或有無被洩漏的考題等等。因此你也不會太用功於讀書。最後考試總在及格邊緣，成績不算理想，有時也根本沒過關。但你會原諒自己，認為自己已經盡力了。

還有『紫微在辰』命盤格式的人，在辰年有『紫相運』。通常此運程的人很難有『陽梁昌祿』格。如果『紫相』運在同宮或對宮有『文昌』或『文曲』同宮，則為窮運及水厄格局。只能苦苦的挨過這個時間，人生才有發展。此時的『紫相運』只是修復的運氣而已。

如果『紫相』運完全沒有受到刑剋，則此年會考試順利，得到眾人的褒獎。有高出一般人的好成績。但不會考到榜首。

如果『紫相』運中又有『羊、陀、火、鈴、劫、空、文曲化忌、文昌化忌』之類的煞星同宮，或在對宮相照的狀況，則你很可能有古怪聰明，而不會參加考試，而錯失良機。

『紫微在午』命盤格式的人，辰年走辰宮運程，辰宮剛好逢『七殺運』。表示很忙碌，你想打拚，但腦筋有一些頑固、不開竅，也可說還有一點笨、做事一板一眼，應變能力不好，又會有許多雜事出現讓你忙不過來，因此你須要排除萬難，將注意力完全集中在考試這件事上才能考試成功。丙年、辛年、壬年生的人沒考運。

『紫微在丑』命盤格式的人，龍年也走的是辰宮運程。辰宮所逢到的運氣是『太陰陷落』，但對宮有『太陽陷落』相照的運程。會覺得運氣很悶、胸口常悶悶的、想舒展一口卻做不到。也會四肢懶洋洋不想動，提不勁來。整年都像烏雲遮日一樣，運氣不好，無論功課或工作也都表現不佳。但是這一年雖運氣不好，運氣不好的年或月（指時間）最好用來修身養性及讀書，因為對宮『太陽』的運氣又是『陽梁昌祿』格中的一環，故此年在考試方面仍可有些微的考試運氣，只要默默的努力，仍是可以有機會考得上的。成績會在中等邊緣的成績。甲年、乙年生人也沒有考試運。

『紫微在寅』命盤格式的人，龍年所走的辰宮的運氣是『貪狼運』。這個運程剛好坐在『武貪格』暴發運上，利於做事賺錢，但不利於讀書。如果年紀小的讀書階段的人，也可利用暴發運的機會榜上有名。但已工作的人，多半會轉向去賺錢，而不想參加考試了。

另外，癸年生的人，有『貪狼化忌、陀羅』在辰宮。丙、戊年生的人，有『貪狼化祿、陀羅』同宮辰宮，會聰明圓滑又做笨事，龍年的考運也不會太吉了，可能不會去參加考試。

『紫微在酉』命盤格式的人，龍年時走辰宮運氣是『天同』運。此運雖是溫和的運氣，但因對宮有『巨門陷落』相照的結果。表示外在周圍環境中的狀況是口舌是非多，絲毫不平靜，有災禍會發生的狀況。因此此運會有慵懶的、煩悶的現象，會提不起勁來讀書或競爭。周圍的人已爭得很凶了，而你卻看他們很煩。這樣自然也考試無望了。倘若能摒棄周圍的影響，自己找到一個努力的目標及鞭策自己的方法，這樣也能在不算太好的運氣中也能考上。**但多半人是做不到這點的，尤其是丁年生的人，有『巨門化忌』在辰宮對宮相照，**以及乙年生人有『天同』和『擎羊』同宮，是『刑福』色彩，丙、戊年生人，有『天同』和『陀羅』同宮，會笨，也是『刑福』色彩，這四種年份生的人，在辰年是根本不具考運了。

蛇年有考試運和讀書運的人

蛇年是巳年，有考試運和讀書運的命盤格式有『紫微在辰』命盤格式的人，有『天梁居陷運』，在『陽梁昌祿』格上，只要努力，可上榜。『紫微在巳』命盤格式的人，走『紫殺運』，會努力打拼成為『拼命三郎』，也能成功。『紫微在申』命盤格式的人，走『太陽居旺運』，是正宗『陽梁昌祿』格的正運上，考試運一流，有化權、化祿，為必勝格局。『紫微在亥』命盤格式的人，巳年走『天府運』，為了得到考試成功的利益，你會拼命努力，故考運也不錯，會心想事成。但要注意在這四個命盤格式的人中，丁、己年生的人，有『陀羅』會在巳宮出現，也會考試運不順利。

另外，像『紫微在子』命盤格式的人、巳年走的是『太陰居陷』

讀書考試一把罩

運，乙年生的人，會有『太陰化忌』在流年運程上，你會不想參加考，會有另類想法，縱使你有『陽梁昌祿』格，都會失去上進的機會，而不想讀書、放棄考試，非常可惜。

此外，還有『紫微在寅』命盤格式的巳年所走之『巨門居旺運』。因對宮有『太陽居陷』相照，其實也是有『陽梁昌祿』格在相照的格局。此運用來參加考試，會具有競爭心，只要不太過於嚕里嚕嗦，不太過於注重小節，不要挑起是非爭端，也是非常具有考運的最佳競爭運氣。

還有『紫微在卯』命盤格式，巳年走『天相居得地』之位的運氣，此運特愛享福，考試也能平順過關。有『文昌』同宮時，會考中。但要注意此運中若有『文昌』、『文曲』同宮或在對宮相照，會形成『窮』的格局。如此你便可能因嫌報名費太貴，而不去參加考試了。若

有『天空、地劫』同宮，也根本不會去考試。有『陀羅』同宮，則考運差，或拖拖拉拉沒去應考。有『火星』或『鈴星』同宮時，則會一時興起去參加考試，但不一定會有始有終，常有三分鐘熱度而後沒興趣而空虧一潰。

『紫微在戌』命盤格式，蛇年走『天同居廟運』，此運也特別愛享福，除非你的功課原本程度就極高，你就可能在此年上榜高中。若你的成績只是一般程度或水平不好的人，此年你仍然玩個不停，想到讀書，你便懶洋洋提不起勁來了。因此考試成績不會好，也不見得能考得上了。

蛇年考試運最差的人

豬年考試運最差的人，是『紫微在子』命盤格式裡的人走『太陰居陷』運、『紫微在丑』命盤格式的人走『廉貪運』、『紫微在酉』命盤格式的人走『武破運』、『紫微在未』命盤格式的人走『空宮運』有『廉貪相照』等等這四種人。

『紫微在子』命命盤格的人，所走的巳宮運氣是『太陰居陷』的**運氣，**表示有小聰明，但並不一定用在讀書考試上，運氣又不太好，情緒常起伏不定，常自找自己的痲煩。自己讓自己運氣不好。所以這是情緒管控所造成的考運差的問題。倘若命盤中能形成完整的『陽梁昌祿』格的人，還是會在緊要關頭回歸正常，好好唸書，掛車尾而考上的。格局不純正的人，就沒有此幸運了。

『紫微在丑』命盤格式的人，巳年所走亥宮運氣是『廉貪運』，表示運氣空茫，籠罩在沒有人緣、機會，又腦子笨，盡做一些令人討厭之事，腦子也會想一些好吃懶做之事，根本不會想辛苦去參加考試的事情，所以沒考運。就算參加，也會運氣不好，沒有結果。

『紫微在寅』命盤格式的人，巳年所走巳宮運氣是『巨門居旺』對宮有『太陽陷落』相照的運氣，這表示周圍環境多爭吵、摩擦、黯淡，自己內心又複雜多想、矛盾多，讀書辛苦，自己讀書和工作，都要度過一整年的沒有陽光的漫漫長夜的日子，但是如果能潛心讀書，不要太計較利益及結果（考試成績）的話，仍然會有機會考上，只是成績不一定理想而已。因為太陽是『陽梁昌祿』格上的一環，縱然是陷落無光的，仍有暗中主貴的貴運。因此你不可輕易的放棄喲！只是這是一個默默的、悶著頭，自己私下努力才可成功的運程。

『紫微在卯』命盤格式的人，在巳年走巳宮運氣是『武曲、破軍』運，這是一個窮運，又是性格剛硬、不服師長管教，一意孤行，但又聰明度不高的運程。走此運時，讀書讀不好，也不想唸，還會自做聰明的想一些方法來逃避考試。因此易根本不參加考試。或是參加考試了，也不好好寫考試卷，有叛經離道的行為思想。因此考試運差。在此運中要想反敗為勝，只有從內心確實的覺醒，痛定思痛，絕處逢生，抱著類似宗教的熱誠來唸書，才會有機會出頭。

『紫微在未』命盤格式的，巳年所走的巳宮運氣『空宮運』有『廉貞、貪狼』相照。這是一個人緣不佳、討人厭、機會全無，所有的運氣都爛到極點的運氣，你的心情也會盪到谷底，想改善又無能為力，只有等運氣慢慢過去。**很多人在巳年逢到公司倒閉，**或家運衰退，家中沒錢，或家庭不和，而影響到你參加考試的心情和機會。因此走到『空宮運』，對宮『廉貪』相照，你就順其自然，不要太強求了。倘若你原本的實力還不錯，但逢到『廉貪運』，運氣不好，你可以嚐試比你原來實力略低的一個層次去參加考試，這樣的話，你也可在不好的『廉貪運』上榜了。

『紫微在辰』命盤格式的人，在巳年所走巳宮的運氣是『天梁陷落』運。表示周遭缺乏貴人，也不甚喜歡唸書，更不喜歡別人管，自己好像很有主見，但未必有好的方法和好的規劃來達成考試成功的任務，並且不重名也不重利。但是『天梁』雖是陷落的，仍是『陽梁昌祿』格中的一環，只要其人自己能放棄固執的偏見，或是能交到奮進的好朋友，此人也會在考試讀書上努力，一改敗績，可以掛上榜尾。

理財贏家非你莫屬

法雲居士⊙著

『理財』要做贏家，
就是要做『富翁』的意思！
所有的『理財贏家』都有自己出奇致勝的絕招。
有的人就知道自己的財富寶藏在那裡，
有的人卻懵懂、欠學，理財卻不贏。

世界上要學巴菲特的人很多，
但會學不像！

法雲居士用精湛的紫微命理方式，
引導你做個『理財贏家』從此改變人生，
也找到自己的富翁之路。

如何選取喜用神
上、中、下冊

法雲居士⊙著

(上冊)選取喜用神的方法與步驟。
(中冊)日元甲、乙、丙、丁選取喜用神的重點與舉例說明。
(下冊)日元戊、己、庚、辛、壬、癸選取喜用神的重點與舉例說明。

每一個人不管命好、命壞，都會有一個用神與忌神。喜用神是人生活在地球上磁場的方位。喜用神也是所有命理知識的基礎。及早成功、生活舒適的人，都是生活在喜用神方位的人。運蹇不順、夭折的人，都是進入忌神死門方位的人。門向、桌向、床向、財方、吉方、忌方，全來自於喜用神的方位。用神和忌神是相對的兩極。一個趨吉，一個是敗地、死門。兩者都是人類生命中最重要的部份。你算過無數的命，但是不知道喜用神，還是枉然。法雲居士特別用簡易明瞭的方式教你選取喜用神的方法，並且幫助你找出自己大運的方向。

好運一定強

法雲居士⊙著

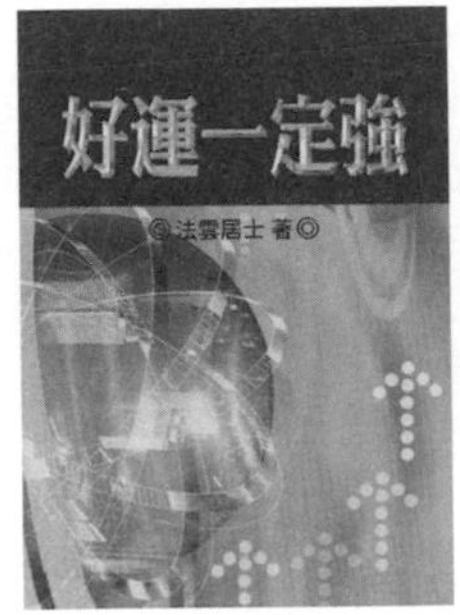

天下的運氣何其多！
但你一定要最『好運』！
『好運一定強』告訴你：
『正財運』、大筆的『金錢運』、暴發的『偏財運』要如何獲得？如何強起來？
也告訴你：『貴人運』、『父母運』、『上司運』、『交友運』要如何應用？如何納為己用？更會告訴你：『戀愛運』、『配偶運』、『家庭運』要如何能圓滿選對人，而一起榮華富貴。
法雲居士用紫微斗數的命理方式教你利用及保持『好運一定強』的方法！

法雲居士⊙著

在事業上衝鋒要講究快！狠！準！
但每個人的人生道路都不一樣，人生運氣也不一樣。事業成就有主貴與主富兩條路。
主貴的路途是出大名、掌大權、有高名位。
主富的道路是經營生意、賺大財、為豪門鉅富。雖然每個人都在事業上衝鋒陷陣、拼得人仰馬翻，但人生境遇與結果都大大不同。
事業衝鋒的奮鬥力和人天生的資源有關。
事業衝鋒的成功關鑑點也和人生運程有關。
法雲居士以紫微命理的方式，幫助你推上事業衝鋒的勝戰陣頭上，幫助你創造事業成功的必勝戰績。

銷售達人致勝術

法雲居士⊙著

世界上有百分之九十的人都在做銷售工作，只不過販賣的物件不一樣而已。

因此『銷售達人致勝術』你必定要懂！『銷售術』不僅僅是推銷物品而已，同時也會介紹創意及構想，有時更會是政治上的工具，或外交上的手段，更會影響你我的生活。

此書中有銷售達人成功時常用的關鑑技巧，也揭示了銷售成功致勝的時間法則。

法雲居士用紫微命理的方式，幫助你快速成為『銷售達人』！

法雲居士⊙著

『強運』就是『旺運』。

天天擁有『旺運』過日子、好運連連，是大家所共同擁有的願望。但月有圓缺，人生有變化起伏，卻不是每個人都能確切掌握好運的。要掌握『強運』，必先掌握『強運』的時間法則，才能成功。在你的生命中，有那些『強運』的時間法則？有那些可以延長『成功』的時間法則？又有那些可以『反敗為勝』的時間法則？

且聽法雲居士為你分析天天保持『強運』一番的關鑑理論，為你開拓更強、更高的人生高峰！

如何推算大運流年、流月

上、下冊

法雲居士⊙著

全世界的人在年暮歲末的時候，都有一個願望。都希望有一個水晶球，好看到未來一年中跟自己有關的運氣。是好運？還是壞運？

這本『如何推算大運、流年、流月』下冊書中，法雲居士利用紫微科學命理教您自己來推算大運、流年、流月，並且將精準度推向流時、流分，讓您把握每一個時間點的小細節，來掌握成功的命運。

古時候的人把每一個時辰分為上四刻與下四刻，現今科學進步，時間更形精密，法雲居士教您用新的科學命理方法，把握每一分每一秒。在每一個時間關鍵點上，您都會看到您自己的運氣在展現成功脈動的生命。

法雲居士利用紫微科學命理教你自己學會推算大運、流年、流月，並且包括流日、流時等每一個時間點的細節，讓你擁有自己的水晶球，來洞悉、觀看自己的未來。從精準的預測，繼而掌握每一個時間關鍵點。

交友發財術

法雲居士⊙著

這本『交友發財術』，是教你如何以朋友關係而發財的書籍。在人命中，朋友關係是人生的輔助力量！是和兄弟關係同等重要的關係！能讓你發財的朋友就是你的『貴人』！常讓你吃虧生氣的朋友就是『損友』！每個人的一生中都有欣逢貴人、交友發財的企機！但看你如何掌握、應用！

『交友發財術』就是一本讓你掌握到『時間』關鑑點，而能運用朋友貴人的力量，改變自己人生層次、更上一層樓的一本書！法雲居士用紫微命理的方式，幫助你『交友發財』！

法雲居士⊙著

人人都想『轉運』！運氣不好的人想『轉運』！運氣還不錯的人想『轉運』轉得更好！『轉運』之後，人的運氣是否真能改觀呢？『轉運』就是改思想、改智慧、改做事的方法，自然也會改脾氣！改忍耐力、改決定性的關鑑『時間』！更改變『環境』位置與『空氣』氣氛。從科學方面來講：也就是把『時間』、『空間』、『精神領域』轉到好的方位。從中國人的傳統智慧來說：就是掌握『天時、地利、人和』的企機。

法雲居士用紫微命理的方式，幫助你『轉運』成功，大展出頭天！

紫微斗術全書詳析

上、中、下冊、批命篇

法雲居士⊙著

『紫微斗數全書』是學習紫微斗數者必先熟讀的一本書，但是這本書經過歷代人士的添補、解說或後人在翻印植字有誤，很多文義已有模糊不清的問題。

法雲居士為方便後學者在學習上減低困難度，特將『紫微斗數全書』中的文章譯出，並詳加解釋，更正錯字，並分析命理格局的形成，和解釋命理格局的典故。一套四冊，使您一目瞭然，更能心領神會。這是一本進入紫微世界的工具書，同時也是一把打開斗數命理的金鑰匙。

紫微斗術全書《原文版》

法雲居士⊙著

這是一本學習『紫微斗數』原文版的工具書，也是學習『紫微斗數』的關鍵書，雖然此書是由古人彙集而成的，其中亦有許多誤謬之處，但此書仍不失為一本開拓現代紫微命理學問的一本好書。現今由法雲居士重新整理、斷句、訂正部份錯字，將之重印、再出版，以提供給紫微命理的愛好者，多一份溫故知新的喜悅。

您可配合法雲居士所著『紫微斗數全書詳析』一套四冊書籍，可更深切地體會、明瞭紫微斗數的精華！

時間決定命運

法雲居士⊙著

在人的一生中，時間是十分重要的關鍵點。好運的時間點發生好的事情。壞的時間點發生凶惡壞運的事情。天生好命的人也是出生在好運的時間點上。每一段運氣及每件事情，都常因『時間』的十字標的，與接合點不同，而有大吉大凶的轉變。

『時間』是一個巨大的轉輪，每一分每一秒都有其玄機存在！法雲居士再次利用紫微命理為你解開每種時間上的玄機之妙，好讓你可掌握人生中每一種好運關鍵時刻，永立於不敗之地！

投資煉金術

法雲居士⊙著

『投資煉金術』是現代人必看的投資策略的一本書。所有喜歡投資的人，無不是有一遠大致富的目標。想成為世界級的超級富豪。但到底要投資什麼產業才會真正成為能煉金發財的投資術呢？

實際上，做對行業、對準時機，找對門路，則無一不是『投資煉金術』的法寶竅門。
法雲居士用紫微命理的角度，告訴你在你的命格中做什麼會發？做什麼會使你真正煉到真金！使你不必摸索，不必操煩，便能成功完成『投資煉金術』。

●金星出版●
命理生活新智慧・叢書
VENUS PUBLISHING CO.